スピリチュアル・メッセージ

曽野綾子

いう生き方

大川隆法

RYUHO
OKAWA

本霊言は、2014年3月12日、幸福の科学総合本部にて、
質問者との対話形式で公開収録された（写真上・下）。

まえがき

曽野綾子さんの守護霊メッセージを出すというので、全国紙各紙に広告打診したところ、どこも震《ふる》え上がって「会議」「会議」となったそうな。そのぐらい恐れおおい女性作家、評論家でもあるのだろう。先日、瀬戸内寂聴さんの守護霊メッセージの書籍広告をM新聞の大阪本社版で出したところ、ご本人から怒りの電話が入って、東京本社版の広告は他の本に差しかえられたとか、何とか。

作家でもご自身に対する言論・出版・信教の自由はなかなかお認めにならないのだろう。

かねがね理想の女性像として曽野綾子さんをご尊敬していた身としては、八十歳を過ぎて、なおかつ現役というパワーの秘密を知りたいし、そう考えている曽野フアンは全国にいらっしゃることだろうと思う。曽野さんが、「救世主なるもの」の存在を信じておられるかどうかは別として、一人の著名な女性宗教作家をこの国が生んだことを、うれしく思っている。

二〇一四年　五月十三日

幸福《こうふく》の科学《かがく》グループ創始者兼総裁《そうししゃけんそうさい》　大川隆法《おおかわりゅうほう》

スピリチュアル・メッセージ　曽野綾子という生き方　目次

スピリチュアル・メッセージ　曽野綾子《そのあやこ》という生き方

二〇一四年三月十二日　収録
東京都・幸福の科学総合本部にて

「霊言現象《れいげん》」とは、あの世の霊存在の言葉を語り下ろす現象のことをいう。これは高度な悟《さと》りを開いた者に特有のものであり、「霊媒現象《れいばい》」(トランス状態になって意識を失い、霊が一方的にしゃべる現象)とは異なる。外国人霊の霊言の場合には、霊言現象を行う者の言語中枢《ちゅうすう》から、必要な言葉を選び出し、日本語で語ることも可能である。

また、人間の魂《たましい》は原則として六人のグループからなり、あの世に残っている「魂の兄弟」の一人が守護霊《しゅごれい》を務めている。つまり、守護霊は、実は自分自身の魂の一部である。したがって、「守護霊の霊言」とは、いわば本人の潜在《せんざい》意識にアクセスしたものであり、その内容は、その人が潜在意識で考えていること(本心)と考えてよい。

なお、「霊言」は、あくまでも霊人の意見であり、幸福の科学グループとしての見解と矛盾《むじゅん》する内容を含《ふく》む場合がある点、付記しておきたい。

スピリチュアル・メッセージ　曽野綾子《そのあやこ》という生き方

二〇一四年三月十二日　収録
東京都・幸福の科学総合本部にて

曽野綾子《そのあやこ》（一九三一〜）

作家。東京生まれ。聖心《せいしん》女子大学文学部英文科卒業。幼少時よりカトリック教育を受ける。一九五三年、作家の三浦朱門《みうらしゅもん》氏と結婚《けっこん》。一九五四年、「遠来《えんらい》の客たち」で芥川《あくたがわ》賞の候補となり、二十代で文壇《ぶんだん》にデビュー。世界各国を取材し、戦争・社会・宗教など、幅広《はばひろ》いテーマで執筆《しっぴつ》している。著書は、『太郎《たろう》物語』『神の汚《よご》れた手』『天上《てんじょう》の青』『誰《だれ》のために愛するか』など多数。二〇〇三年、文化功労者。二〇〇五年まで日本財団会長職、二〇一三年まで日本郵政社外取締役《とりしまりやく》を務める。

質問者　※質問順

綾織次郎《あやおりじろう》（幸福の科学上級理事　兼《けん》「ザ・リバティ」編集長　兼　幸福の科学大学講師※）

斎藤哲秀《さいとうてっしゅう》（幸福の科学編集系統括《とうかつ》担当専務理事）

金澤由美子《かなざわゆみこ》（幸福の科学指導研修局長）

［役職は収録時点のもの］

※幸福の科学大学（仮称）は、2015年開学に向けて設置認可申請中につき、大学の役職については就任予定のものです。

1　八十代で活躍《かつやく》中の「曽野綾子《そのあやこ》氏」の守護霊《しゅごれい》を招く

「定年年齢《ねんれい》を超《こ》えて現役《げんえき》の女性」の意見を勉強したい

大川隆法　最近、櫻井《さくらい》よしこさんや瀬戸内寂聴《せとうちじゃくちょう》さんの守護霊《しゅごれい》の霊言《れいげん》を録《と》りましたので（『なぜ私は戦い続けられるのか』『煩悩《ぼんのう》の闇《やみ》』か、それとも「長寿《ちょうじゅ》社会の理想」か　瀬戸内寂聴を霊査《れいさ》する』〔共に幸福の科学出版刊〕参照）、曽野綾子《そのあやこ》さんの守護霊も、「私が入っていないのはおかしい」ということを言っておられます。そのため、やはり、霊言を収録すべきかと考えました。

この流れから見て、普通《ふつう》の定年年齢《ねんれい》を超《こ》えて、まだ現役《げんえき》で活躍《かつやく》されている女性の方々のご意見をいろいろお伺《うかが》いし、勉強の材料にさせていただくのもよいかもしれません。

ただ、曽野綾子さんは、若干《じゃっかん》、〝辛口《からくち》〟の意見が多いので、私も、「やや難しいのかな」と思うこともあって、敬遠《けいえん》していた面もあるのです。私の母よりも一つ年上の八十二歳《さい》でありながら、まだ現役で評論活動をなさっていますので、それ自体はご立派なことであり「尊敬して、一定の距離《きょり》を取らねばならない。あまり同じ土俵に立って批判してはいけないのかな」と感じるところもあります。

年配の方で、ご活躍なされている方には、その内容はさておき、やはり、「一定の敬意を払《はら》うのが礼儀《れいぎ》かな」と思ってはいるのです。しかし、そうした年齢相応の厳しさなのかもしれませんが、なかなか、〝辛口〟のご意見も多いように感じてはいます。

『なぜ私は戦い続けられるのか』(幸福の科学出版)

『「煩悩の闇」か、それとも「長寿社会の理想」か 瀬戸内寂聴を霊査する』(幸福の科学出版)

特に、女性に対しては、けっこう厳しい意見をよく言われるようで、男性が言うと、間違《まちが》いなく「セクハラ」と言われてバッシングされる内容でも、曽野さんが言えば「セクハラ」とは言われにくいために、そのまま活字になることもよくあるようです。

ただ、そういうターゲットに、（質問者の）金澤さんがふさわしいかどうかは分かりません。もう少し〝いじめやすいタイプ〟の人がいるかもしれないので、そこは分からないところです。

また、この年代で、四年制大学を卒業しておられる女性というのは、みな才女《さいじょ》でしょう。私の世代より上で、四年制の大学を出た女性というのは、なかなか就職ができなかったというか、短大出までないと企業《きぎょう》が採ってくれないことが多かったのですが、そういうリスクを冒《おか》してでも、四年制大学を出るぐらいの知性もあり、「職業婦人としての道を開拓《かいたく》していきたい」という気持ちも持っておられる方であったのかなと思います。

なぜか記憶《きおく》に残らない、曽野綾子氏の作品

大川隆法　早くして、作家の三浦朱門《みうらしゅもん》さんと結婚《けっこん》されていますが、聖心《せいしん》女子学院（高等科）在学中から文芸活動を開始され、二十代で文壇《ぶんだん》にデビューされました。その後、いろいろな作品を書かれ、「才女時代」と言われた時代を築かれていますし、早いうちからベストセラーも出しておられます。

私も、いろいろと作品を読んだ記憶《きおく》はあり、持ってもいます。ただ、かなり長く活躍なされたので、今、蔵書《ぞうしょ》もほとんど古本の類《たぐい》に変化しており、「改めて読み返したい」という気持ちは起きないというか、時代が、ある程度、何十年かたってしまった点もあって、「繰《く》り返して読みたい」というほどの気持ちは起きません。その当時の社会的な事象としては、関心があることも多かったのかとは思うのですけれども、今はそのような感じでしょうか。

それから、折々に、人生論的なものをけっこう書いておられますので、かなり読

んだことはあるのですが、残念ながら、あまり記憶に残らないのです。

これが、私だけなのかどうかはよく分かりません。私は、記憶力は比較的《ひかく》よいほうではあるのですが、曽野さんが書いているものはあまり記憶に残らないのです。読んだときは、何か刺激《しげき》があるような、唐辛子《とうがらし》を振《ふ》って食べているような感じが少しだけするものの、読み終わってしばらくすると、「全部、忘れている」というか、何も残らないことが多くて、遠慮《えんりょ》せずに悪口を言っていた部分だけが、たまにチラッと残るような感じがするぐらいです。そうした、唐辛子の辛《から》いところだけは少し舌に残るのですが、あとの「中身」が何だったのかは残りません。

曽野さんは、現在でも、新聞や雑誌等にいろいろ書いておられますので、ほかの人のものと同じように、いちおう読むのですが、「何が書いてあったのかな」と、あとで思い出そうとしても、思い出せない内容が多いのです。

これは、いったい何なのでしょうか。文学者として、文章にレトリックがあるために、ストレートな評論として受け止められず、記憶にとどまらないのか。あるいは、一定のお年を召《め》されたために、言っていることが「有《う》」の状態になっており、もはや変えがたい、確信的な意見を述べられるので、いつ見ても同じように見えるのか。このへんについては、よく分かりません。

「講談社《こうだんしゃ》フライデー事件」のときに幸福の科学を批判した方

大川隆法　ただ、先輩《せんぱい》でもありますし、私などがデビューしたころ（一九八六年十月に当会を設立）には、文壇でもすでに評判のあった方でした。その当時、私は、まだまだ、〝ひよっこ〟でしたので、「当然、自分など相手にしていないだろう」と思っていたわけです。

ところが、「講談社《こうだんしゃ》フライデー事件」というものが、一九九一年、今から二十三年ほど前にあって、「フライデー」「週刊現代」等を動員した、講談社による一連の幸福の科学叩《たた》きがかなり行われました。

もちろん、ほかのメディアも叩いてきたのですけれども、講談社の行為《こうい》が、いち

●有　仏教用語。ここでは、「年を取ると、自分の考え方や行動の仕方がだんだん変えられなくなり、魂の傾向性が固まってしまうこと」を指す。

ばんいやらしい感じがしましたし、数も多く、出版社としても最大であったのです。

私も、向こう気《き》が強かったので、「どうせ戦うのなら、いちばん大きいところと戦いたい。ほかのところと一つ一つやるのも面倒《めんどう》くさいので、講談社に照準《しょうじゅん》を合わせて中央突破《とっぱ》しよう。そちらを論破しよう」と考え、言論戦を挑《いど》みました。

そのときに、曽野綾子さんが出てこられて、エッセイでフライデー事件について触《ふ》れられ、結論的には、「講談社さん、頑張《がんば》ってください」と書いてあったことだけは、はっきりと覚えています。カチンと来たので、それだけは頭の一カ所に残っているのです。しかも、何か、大きな宗教が弱い者いじめをしているかのような書き方をしていました。

しかし、こちらは、宗教法人格をその年の三月に取ったばかりでしたので、そのように、「弱い者いじめ」と言われるほど大成したものではなかったのです。まだヨチヨチ歩きで、組織としても十分に機能していない、〝寄せ集め〟軍団のようなもので、決してそういうつもりはありませんでした。

●**講談社フライデー事件**　講談社が「週刊フライデー」誌上などで、捏造に基づく悪質な記事により、幸福の科学を誹謗・中傷したことに対して、信者たちが抗議した出来事。

「『弱い者いじめをしている』ということですが、そんなことはないでしょう。立派な社屋《しゃおく》を構え、優秀《ゆうしゅう》な社員を持ち、歴史も社会的権威《けんい》もあるメディアが意見を言ってきているのに対し、こちらは、メディアとしてもまだ確立していないようなものです。一人で何年間か本を出したぐらいの力しかありませんので、そういう考えはないのではないでしょうか」と思ったわけです。

また、曽野さんは、私の本など、それほど読んでいるとは思っていなかったのですが、どうも読んでいたらしく、「教えのなかには、『怒《おこ》るなかれ』『許す愛が大事だ』と書いてあるではないか。それなのに、こういうふうに『怒って食ってかかる』というのはおかしい」というように、教義《きょうぎ》批判にまで踏《ふ》み込《こ》んでおられました。

要するに、「行動が『許す愛』と『怒るなかれ』の教えに反しているのではないか」というようなことで、それは、「講談社さん、頑張ってください」と書く前に、書いてあったように思うのです。

そのため、当会の教えのなかに、「怒ることは、一般《いっぱん》的には、よくないのだけれども、仏教的には『教導《きょうどう》の怒《いか》り』というものがあって、教え導くために叱《しか》らなければいけないこともある。それは、いわば不動明王《ふどうみょうおう》のような部分であって、相手の悪を見たら、それを破邪顕正《はじゃけんしょう》しなければいけない面もあるのだ」というようなことを追加しました。

その意味で、曽野さんは、当会の教えに、一部、追加を入れさせた方でもあるのです。それは、キリスト教的な面から見た批判だったのかもしれません。ただ、肝心《かんじん》のキリスト教も、「許す愛」だけでやっているとは、とうてい思えない現状であると思います。

創価学会《そうかがっかい》をも堂々と批判する「恐《おそ》れを知らぬ方」

大川隆法　また、そのころ、聖心《せいしん》女子大の校内紙か会報か、何かそのようなものを読んだことがありました。そこに、卒業生のなかで有名人である曽野さんが、一面かどこかに、創価学会《そうかがっかい》批判を正面から堂々と書いておられたのを覚えています。

そうした聖心の学内報のようなものを、なぜ私が読めたのかはよく分かりません。どこから手に入ったのか、あるいは、投げ込まれていたのか、誰《だれ》かが持ってきたのか分からないのですが、読んだ覚えがあるのです。

それは、おそらく、聖心の校内紙、もしくは、先輩が後輩に書くような、同窓誌《どうそうし》的な会報だったのではないかと思いますが、「創価学会が、政治に乗り出して、いかに悪さをしているか」というようなことを、名指しで、はっきりと書いてあったので、「ここまできついことを書いて、大丈夫《だいじょうぶ》なのだろうか。『キリスト教の立場では、こういうことを、ほかの人に教えなくてはいけない』と思って、言っているのかな」など、いろいろ思った覚えがあります。

かなり手厳しく、創価学会批判、池田大作《いけだだいさく》批判がはっきりと書いてありましたので、そういう意味では、恐《おそ》れを知らぬ方ではあるのかもしれません。

政治的な言論としては「保守」に分類されるキリスト者

大川隆法　その後、いろいろな社会的問題に意見を出されたり、作家のみならず、さまざまな政府関連の委員などもされているようです。

例えば、日本芸術院の会員や、日本船舶振興会《せんぱくしんこうかい》（現・日本財団）の会長、国土審《しん》議会《ぎかい》の委員、司法制度改革審議会の委員、教育改革国民会議の委員、それから、日本郵政社外取締役《とりしまりやく》まで務《つと》められています。

そういう意味で、国のマネジメント系統にかかわっているところもありますし、文化功労者にも選ばれています。

さらに、先ほど述べたように、最近の意見としては、女性のセクハラ、パワハラ、マタハラ（マタニティ・ハラスメント）を訴《うった》える女性たちに対して、「甘《あま》えるな」と、切って捨てるような厳しいご意見も述べられています。男性なら、とても恐ろしくて言えないことを言ってくださるので、一部の男性にとっては、すっきりする面もあることはあるのですが、もしかすると、「お年を召されて、若干《じゃっかん》、頭が固くなっておられる面もあるのかもしれないな」と思ったりもします。

また、政治的な言論としては、保守のほうに分類されるのだろうとは思われますが、曽野さんは、保守でも、キリスト教を地盤《じばん》としている方です。そうした、キリスト教を地盤としている政治系の方の場合、日本では、全般的に、やや左に寄っている方のほうが多いので、そのへんはどうなのか、よく分からないところがあります。

聖心卒には、美智子《みちこ》皇后もいらっしゃいますので、保守のほうでもおかしくはないのですが、そのへんはどのような感じなのか、よく分かりません。

なお、韓国《かんこく》の朴槿惠《パククネ》さん（韓国聖心中・高卒業）などに対しては、どのように思っているのか、少し分からないところはあります。

曽野綾子氏の「東大法学部卒批判」をめぐって思うこと

大川隆法　先ほど述べたように、私は、この人が言っている基本的な主張はあまり覚えていないのですけれども、脱線《だっせん》して言った言葉だけを、ときどきチラチラと覚えていることがあります。

例えば、「悪口を言うのであれば、東大法学部の卒業生の悪口を言うのがいい」ということを書いておられたことがあって、それは、はっきり覚えています。

これは、わりと最近だと思いますが、「東大法学部の卒業生の場合、批判したり悪口を書いたりしても、訴えられた経験がない。それに、批判、反論された経験もない。したがって、悪口を言うのなら、東大法学部の卒業生で、社会的地位を占《し》めていたり、作家や評論家をやっていたりするような人のことを書いたらいい。絶対に反論は返ってこない。なぜかというと、『自分は賢《かしこ》い』と思っているため、『へへン！　おまえの相手なんかするか』と威張《いば》っていて、無視するので大丈夫だ」というようなことを書いておられましたので、やや気になる面はあります。

なお、私は、一九九一年に反論をしたつもりでいるのですが、全然、覚えていないのかもしれません。

ただ、曽野さんは、一九九一年に「講談社さん、頑張れ」というようなことを言った何年かあと、オウム事件のころだったかもしれませんが、NHKの教育テレビか何かで解説をされていたことがあり、「自分はそそっかしいので、よく勘違《かんちが》いして、批判するようなことがある」というようなことを、何度か言っておられたことがありました。

そのとき、曽野さんは、明確に、「何のことについて言っているのか」ということは言わなかったのですが、聞いているほうとしては、何となく、「幸福の科学のことを言っているのかな」というような感じを受けたことはあります。明確に言ってくれないので分からないのですが、オウム事件のころだったとすれば、「そうかな」と思うのです。

「私は、そそっかしいので、よく勘違いして、批判したり、攻撃《こうげき》したりすることがあります」というようなことを、「そそっかしい」ということを言い訳にして、何度か言っていたので、「当会のことを言っているのかな」と感じたことはあるのですが、「そうだ」と、はっきりは言わなかったので、あるいは違うかもしれません。

こちらも〝そそっかしくて〟、よいほうに聞き違えているだけかもしれないのです。

オウム真理教があのようになったのに、当会がそうはならずに分かれたところを、一九九一年には認識できなかったので、そのあたりを、もしかしたら反省の弁として述べられたのかもしれないのですが、それについては、明確に確認は取れていません。

当会は一九九一年からオウムを批判していましたけれども、曽野さんは「ほとんど同類」と見ていたようなところもあったのかもしれず、その後、両者に違いが出てきたところについて、「そそっかしい」という言葉で自己弁護なされていたのかもしれないなと思います。

才女・曽野綾子氏は「高嶺《たかね》の花」のような方？

大川隆法　当会は、宗教的なものからの政治的発信を行っていますので、曽野さんは、そのへんについて、意外に敏感《びんかん》に読んでおられるのではないでしょうか。

そういう意味で、宗教のベースを持ちながら、政治的発言もなされている方なので、今日は、勉強になる面もあるのではないかと思います。

また、世界百二十カ国以上も視察に行かれているそうなので、海外の経験もそうとう豊富《ほうふ》でしょう。今はもうお年を召されたので変わっているかもしれませんが、昔、読んだ本では、シンガポールにも、仕事場というか事務所のようなものを設《もう》けられており、「日本は小《こ》うるさいので、シンガポールへ行って、向こうに籠《こ》もって書いている」というような時代もあったと思います。ただ、現在は、そうではないかもしれません。

こういう才女は、若いころは、きっと、すごい美人で頭のよい方で、「高嶺《たかね》の花」

のような感じだったのだろうと思うのですけれども、私としては、「三浦朱門さん的な立場に立たなくてよかったな」という気持ちも少しあります。

これは失礼に当たるかもしれませんし、私は、そんな偉《えら》い立場に立てそうにないので、そのようなことは起きないでしょうが、「三浦朱門さんでなくてよかったな」と思うような気持ちも少しあるのです。また、息子《むすこ》さんも一人いらっしゃいますけれども、「自分のお母さんでなくてよかったな」と思う面もあって、「母親であれば、大変だっただろうな」という気持ちもします。

曽野さんは、私の母と一歳違いなので、「この人が私の母親だったらどうだったかな」と思うと、やはり、身が震《ふる》える思いがするのです。

これを「あげまん」「さげまん」理論でいうと、どうなのかは分かりませんし、これについては、私は何とも言うことができません。

ただ、「この年になって、『〝毒〟のある言論を吐《は》ける』ということは、すごいことなのではないか」というようにも思います。

長寿《ちょうじゅ》社会における「生涯現役《しょうがいげんえき》の考え方」を聞き出したい

大川隆法　作品群はたくさんあって、読んだ記憶はあるのですが、覚えていないので、あまり細かい作品論には、入れないかもしれません。

最近は、人間学について、『老いの才覚《さいかく》』や『人間の基本』『人間関係』『人間にとって成熟とは何か』など、数多くの本を出しています。確かに、この年になっても、意外にベストセラーを連発し、新書判等でよく出しておられますので、私も読みました。

小説や随筆、ノンフィクション等、世界各国を取材し、戦争・社会・宗教・教育などの幅広いテーマで執筆を続ける曽野綾子氏。

ところが、一回読んでも覚えられないので、二回読んだり、三回読んだりしたものもあるのですが、何回読んでも頭に残らないのです。これは、どういうことなのでしょうか。「二回、三回読んで、頭に残らない」というのは、いったいどういうことなのか、私には分からないので、解説いただきたいぐらいです。

それほど、ぼけているわけではなく、ほかのものであれば、入るものはスパッと入ってくるのですが、曽野さんのものは〝入ってこない〟のです。何が言いたいのかが分からないので、もしかしたら、書くほうが〝かすんで〟いるのか、あるいは、読むほうが〝かすんで〟いるのか、これについては分かりません。

ただ、今日の論点としては、長寿《ちょうじゅ》社会における「生涯現役《しょうがいげんえき》の考え方」というか、そういう活動をする「意気込み」なり、「努力」なり、「知恵《ちえ》」なりを、多少は聞き出したいものだなと思っています。

そういう意味では、「最近、読んだ本であっても思い出せない」という点は非常に申し訳ないと思います。新聞に載《の》っているものを読んでも、その日の夕方には、もう覚えていないのです。なぜなのでしょうか。読むのが速すぎるのでしょうか。やはり、文学者の文章ですから、もう少し、一語一語を味わいながら読まないと残らないのかもしれませんけれども、あまりはっきりと残らないのです。

保守の側で発言しているらしいことだけは分かるのですが、それも、あまり明確には分からないので、このへんは、何が原因なのか、私にもよく分かりません。

ただ、作品はずいぶん書いておられるので、現役であることは間違いないでしょう。

作家・曽野綾子氏の守護霊を招霊《しょうれい》する

大川隆法　以上を前置きとして、入りたいと思います。

曽野さんの守護霊が私のところへ来ると、小うるさい感じ、ガミガミ怒られるような感じのときが多いのですが、公開の場でもそのようにされるのか、公開の場では違った態度を取られるのか、それは分からないですし、守護霊は、本人とも違いますので、違ったタイプで出るかもしれません。

本人は歯に衣着《きぬ》せずに言う方なので、イエスなど、キリスト教関係のことや、宗教としての幸福の科学についても、意見をスパッと言うことも考えられます。できれば、参考までに、宗教についても意見をお訊《き》きくださればありがたいと思います。

それでは、入ります。

（合掌《がっしょう》し、瞑目《めいもく》する）

文学者として、また、政治評論家としてもご活躍され、政府の委員等もなされています曽野綾子さんの守護霊を、幸福の科学総合本部にお呼びいたしまして、そのご本心を伺《うかが》い、日本国民啓蒙《けいもう》の一助とさせていただきたいと思います。

また、われわれ幸福の科学の宗教的な活動や政治的な活動についてもご意見があれば、忌憚《きたん》ないご意見を述べてくだされば幸いだと考えております。

小説家にして、さまざまな評論を書かれております曽野綾子さんの守護霊を、幸福の科学総合本部にお呼びいたしたいと思います。

曽野綾子さんの守護霊よ。

曽野綾子さんの守護霊よ。

どうか、幸福の科学総合本部に降りたまいて、われらにそのご本心を明かしたまえ。

曽野綾子さんの守護霊よ。

どうか幸福の科学総合本部に降りたまいて、 われらにその本心の一端《いったん》を明かしたまえ。


（約十秒間の沈黙《ちんもく》）

2 朴槿恵《パククネ》・韓国《かんこく》大統領への「苦言《くげん》」

「保守の言論人」として、呼ばれることを予測していた?

曽野綾子守護霊　うーん……。

綾織　おはようございます。

曽野綾子守護霊　〝お仕置《しお》き〟ですかねえ。

綾織　いえいえ。とんでもないです。

曽野綾子守護霊　え？　ばあさんの〝お仕置き〟ですか。

綾織　こちらが〝お仕置き〟されるほうかもしれませんし……。

曽野綾子守護霊　そうですか。

綾織　はい。本日は、幸福の科学総合本部にお出《い》でいただきまして、まことにありがとうございます。

曽野綾子守護霊　別に、来たいわけじゃないんですけどね。

綾織　でも、「(大川総裁のところに)最近、チラチラといらっしゃっている」というようなお話も聞いていますし……。

曽野綾子守護霊　ええ、まあ、そうでございますね。ちょっと、ほかの方を取り上げておられるので。いや、予測として、「来るのかなあ」と思っただけでして……。

綾織　ああ、そうですね。

曽野綾子守護霊　ええ。保守の言論人をちょっと総ざらいしてるようですよね？　この流れとしては。だから、「私も、いちおうは数に入るのかなあ」と感じてはおるんですけどもねえ。

綾織　そうですね。やはり、八十代になられても、これだけご活躍《かつやく》されていますので、今日は敬意を表しまして……。

曽野綾子守護霊　ああ、本当だ。今日は優《やさ》しい顔をしてらっしゃるんですね、あなた。

綾織　いや、いつも、こんな感じだと思いますけども（苦笑）（会場笑）。

曽野綾子守護霊　（笑）そうですすか。

綾織　やはり、「生涯現役《しょうがいげんえき》」という意味では、本当に、代表的なご活躍をされていますし、女性としても、これだけ長く活躍される方というのは、日本でも数えるぐらいだと思いますので、いろいろなご意見をお伺《うかが》いできればと思っています。

曽野綾子守護霊　ええ。なるべく、私の上品なところだけを引き出してくださいね。

綾織　ああ、なるほど。分かりました。

曽野綾子守護霊　まあ、天下に恥《はじ》をさらすのは、あまりよろしくないとは思いますのでね。

朴槿惠《パククネ》・韓国《かんこく》大統領の発言について思うこと

綾織　まず最初にお伺いしたいのは、今、日本の政治や国際環境《かんきょう》が非常に厳しい状態になっているところについてです。

もちろん、曽野綾子さんは保守の言論人として意見発信をされていますけれども、改めて、守護霊様にもお話をお伺いできればと思っています。

曽野綾子守護霊　うーん……。そうねえ。

綾織　はい。特に、最近、歴史認識の問題が大きなテーマにあがってきています。曽野さんは聖心《せいしん》の出身でいらっしゃいますが、同じ、韓国《かんこく》のほうの聖心のご出身の、朴槿恵《パククネ》大統領が、今も、慰安婦《いあんふ》問題やさまざまな問題について、日本にいろいろなことをおっしゃっています。

曽野綾子守護霊　朴槿恵さんねえ……。うーん、聖心でくくられるのはちょっと問題があるかもしれませんねえ。

綾織　ああ、なるほど。

曽野綾子守護霊　関係ないかもしれませんねえ。

綾織　あ、関係ないですか（苦笑）。

『守護霊インタビュー　朴槿恵韓国大統領 なぜ、私は「反日」なのか』（幸福の科学出版）

曽野綾子守護霊　ええ。

綾織　「聖心の同窓《どうそう》で、もし会えれば」というようなことも、おっしゃっていましたけれどもね。

曽野綾子守護霊　うーん、まあ、そうではあるんです。

ただ、若いからねえ。若いから、分かってないんじゃないの？　あと二十年、年《とし》があればねえ、あんなバカなことは言わないと思うんですけどねえ。六十一ぐらいでしたっけね。あのくらいの年では、分からないんじゃないですか。戦後何年もたってからお生まれになった方なんでしょう？　それはもう分かるわけないじゃない？　戦争前のことなんて。ねえ？

だから、それは、周りの人が言うのを聞いたり、書いたものを読んだりして言っているだけで、「実体験」したわけじゃないからね。

ご両親が生きておれば、戦前の日韓併合《へいごう》時代のことも聞くでしょうけども、亡《な》くなられてますしねえ。そういう意味では、戦後世代として言うのは、ちょっと僭越《せんえつ》なんじゃないですか。

言葉がちょっときついかもしれないけど、僭越な感じを受けています。「大統領という地位において、自分が経験もせず、知識が十分でない部分について、僭越に過ぎる意見を吐《は》いて、国論として国民を誘導《ゆうどう》している」っていうことに関しては、私は、「やりすぎなんじゃないか」と思いますねえ。

ボケてます？　私。

綾織　いえいえ。そのとおりだと思います。

曽野綾子氏の世代が、韓《かん》・中《ちゅう》の「複雑な感情」を理解できる理由

綾織　この歴史認識の問題につきましては、中国のほうもあるわけですけれども、だんだんエスカレートしていって、収《おさ》まりがつかないような流れにもなってきています。

そこで、戦争を知っている世代として、何か、解決の方向に向かう知恵《ちえ》みたいなものはありませんでしょうか。

曽野綾子守護霊　いやあ、あなたがた、若い人たちは、「中国や韓国《かんこく》がすごく低い位置にあって、日本がグーッと先進国になった。日本も戦後は廃墟《はいきょ》になり、中国や韓国と同じく地位はすごく低いレベルだったのを、日本がグーッと引き離《はな》して高度成長をして、先進国にいち早く入った。それから、もう何十年も後《おく》れて、彼らが必死になって追いついてこようと、嫉妬《しっと》しながら激しい競争をして追いかけてきた」

っていう、その歴史を体感できてないからねえ。それが分かってないから、彼らの複雑な感情が、もうひとつ分かり切れてないんだろうとは思うんですけど。

そういう意味では、九〇年代ぐらいから、戦後の、その感覚を忘れる人が増えてきつつあってねえ。もう、中国も韓国も、昔から経済的にかなり大きくて、意見が言えるような立場にあったかのように思う人が増えてきてる。

それに引き比べて、日本はここ二十年ぐらい、停滞《ていたい》感を味わってるので、「対等にものを言われたり、対等以上に言われることが、当たり前」みたいに思ってる方が多いんだと思うんです。

しかし、その前の時代をよく知っている方から見れば、やっぱり、あの敗戦後からの立ち上がりを見れば、「日本民族が、どれだけ優秀《ゆうしゅう》か」っていうことを実感するものはありましたよ。

なぜ、日本は「奇跡《きせき》の復活」を遂《と》げることができたのか

曽野綾子守護霊　だから、「先の戦争では、全部、日本が悪で、侵略《しんりゃく》戦争をして、本当に善なる国に悪さをしました。すみませんでした」って謝《あやま》るのは結構ですけど も、「その善なる国たちの、戦後の正体は何だったのか」っていうことを、やっぱり十分に知ってない。

その〝悪の権化《ごんげ》〟のように言われた日本が、奇跡《きせき》の復活を遂《と》げて、世界のリーダーとして急速に上がってきた、この力はいったい何だったか。アメリカが原爆《げんばく》や東京大空襲《だいくうしゅう》でもってしても「破壊《はかい》できなかったもの」が、日本にはあったというところですねえ。

その「破壊できなかったもの」について、アメリカは、日本を攻撃《こうげき》している間《あいだ》に、実は、理解していなかったものがあった。

要するに、戦争以前の日本の積み重ねの部分です。日本の文化や歴史の、この積

み重ねの部分のすごさや厚みについて、彼らは理解していなかったと思いますねえ。それが、やっぱり、戦後、立ち上がってくる力の強さになったと思う。物は破壊できた。建物を破壊し、いろいろな施設《しせつ》も破壊できたかもしれませんが、日本人の頭脳や、そのなかに伝わる文化的伝統までは破壊できなかった。

結局、本来であれば、完全に負けてしまったらですねえ、もう西洋化して、全部、西洋文化になって、そして、キリスト教を……。まあ、私も「キリスト教」っていうことになってはいるけれども、（アメリカは）日本神道《しんとう》を廃止して、フィリピンか何かみたいに、キリスト教文化に変えることだってできたはずですが、実際はできなかった。

これは、クリスチャンの私が言うのはちょっと問題はあるけれども、やっぱり、昔から変わらず、キリスト教で一パーセントを超《こ》えることができない。

あれだけの大敗戦を日本は喫《きっ》して、アメリカに占領《せんりょう》されて、ＧＨＱの言うがままに憲法もつくり、国の制度もつくり変えて、〝三等重役《さんとうじゅうやく》〟が社長になるような時代になって、パージ（公職追放）をたくさんされ、偉《えら》かった人、頭のいい人はみんな追い出されて、「三流の人材で、この国を弱くしよう」という悪い企《たくら》みでやらされて、若返ったところがあったにもかかわらず、それでも、日本は急成長した。

まあ、それだからこそかもしれないけども、人材は十分にいたということですね。まだまだ偉くなくても、人材はいて、急成長した。

本当に、彼らに、軍事的にだけでなく、文化的にも負けたんだったら、日本は、キリスト教に、もっともっと〝のめり込《こ》んで〟改宗《かいしゅう》する人が続出しているはずですよ。まあ、「八十パーセント」とは行かないかもしらんけども、少なくとも、何十パーセントかはキリスト教徒になっていてもおかしくないし、国家神道系があれだけ否定されたんだから、神社も打ち壊《こわ》しが起きて、「神社の氏子《うじこ》であることが恥《は》ずかしい」っていうような運動が起きて、日本神道系も、そうとうな後退を喫してもよかったと思うんだけどね。

まあ、韓国とか、ほかのところへ出ていった日本神道のほうは撃退されたかもしれないけど、国内のほうは、やっぱり、全然、力が落ちていないですよね。

つまり、「日本の宗教を変えることはできなかった」ということだし、「日本の、江戸《えど》時代からずっと続く、寺子屋《てらこや》教育からつながる、高い教育レベルそのものを壊すことはできなかった」ということですよねえ。

自国の問題を「日本のせい」にする国の指導者は〝子供〟

曽野綾子守護霊　だから、このへんを見たらねえ、中国や韓国が言っていることの大部分は言いがかりで、「人のせい」っていうか、「日本のせいで全部が悪くなった」っていうような言いがかりをつけているけども、それは違《ちが》うんじゃないでしょうか。

自由にされた段階で、あとは、自分らの責任によって、国はどうにでもつくり変えることはできたわけですから、その後、国のなかでいろいろな問題が山積《さんせき》しているのは、やっぱり、韓国人や北朝鮮《きたちょうせん》人、中国人の問題である面はあって、日本のせいではない。

少なくとも、七十年近くもたった今、日本のせいではないよね。「南京大虐殺《ナンキンだいぎゃくさつ》」と称《しょう》するものや、「慰安婦を強制連行した」とかいうような言い訳でもって、現在の内政上の不具合、問題等を合理化することは、もうできない。そのくらいは、大人として当たり前の考えじゃないでしょうか。

それが分からないのなら、朴槿惠さんとかも、まだ〝子供〟だし、中国の指導者も子供だと言わざるをえないですね。

3　キリスト教文明の「罪」とは

曽野綾子守護霊は「日本」と「西洋列強」の歴史をどう見ているか

綾織　今、おっしゃった点につきましては、「日本の誇《ほこ》りを取り戻《もど》す」ということで、安倍《あべ》首相が取り組んでおられます。

安倍首相は、第一次の内閣をご病気でお辞《や》めになったわけですけれども、そのあと、「地上の曽野さんが、かなり精神的にサポートに入られており、ご自宅にも招かれて、安倍さんご夫妻《ふさい》と食事をされた」という話も伝わってきています。その意味で、現在も、安倍さんを支えていらっしゃる立場かと思いますが、今回の政権の一年余りを振《ふ》り返り、また、今後の期待も含《ふく》めて、安倍政権をどのように見ていらっしゃいますか。

曽野綾子守護霊　私が、あえて安倍政権を支えるっていうか、「応援《おうえん》しなきゃいけないな」と思うのは、まあ、西洋的な文脈、あるいはキリスト教的な文脈から見たら、日本の先の戦争における「軍事的行動」、その他を含めて、これを「ヒトラー的なナチスの運動」と同一視してですねえ。日本を攻撃《こうげき》したアメリカを正当化し、かつ、日本が今、国防のために体制を変えようとしているところも、「侵略《しんりゃく》主義のナチスみたいになっている」みたいな言い方をされることを、甘《あま》んじて受けるような「ひ弱な政治家」が、けっこう出てきますのでねえ。

まあ、村山《むらやま》（元首相）や河野《こうの》（元官房長官《かんぼうちょうかん》）たちはそうですし、鳩山《はとやま》さん（元首相）もそうだけれども、それが、どちらかというと、「すごく人もよく、人物もよく、キリスト教的な精神にも溢《あふ》

『「河野談話」「村山談話」を斬る！』（幸福の科学出版）

れた考えで、人格の練《ね》れた人」のように見える光景をマスコミは映し出すので。（そういう人たちが、人格がよく見えるのは）「そりゃあ、間違《まちが》ってるんじゃないか」と、やっぱり申し上げたいし、あえて、私のほうが言うことで、「そういう面が薄《うす》れるのかな」と思います。（日本がやったことは）決して、そんな恥《は》じるようなことではないと私は思いますよ。

だから、あなたがたも言ってるとは思うけど、西洋列強がやってきたことが、別に何ら、歴史的断罪も受けず、〝歴史の法廷《ほうてい》〟において裁かれてもいない今、日本だけが、「自虐史観《じぎゃく》」で、そんなに地獄《じごく》の底に堕《お》ちなきゃいけない理由はありませんよ。

これは、オバマさんが登場したことと関係あるとは思いますけど、最近、黒人差別の問題等が、アメリカの映画等でいろいろと取り上げられてるし、アカデミー賞なんかを取ったものも出たようです。ああいう「人間を人身売買《じんしんばいばい》して、奴隷《どれい》にして使う」っていうのは、古代のローマにもありましたけどもねえ、それと似たようなことを現代のアメリカがやってきたわけで、それと、まだ格闘《かくとう》中ですよね。アメリカは、現在ただいま、まだ格闘して、やっと乗り越《こ》えようかとしているところですよね。

そのレベルでありますので、やっぱり、西洋列強が、自分たちの侵略の歴史について、〝歴史の法廷〟で自己批判していない段階で、日本だけが唯一《ゆいいつ》の悪者のように言われるのは、ちょっと問題だというように思うし、行動においては、ヒトラー的に無差別に侵略を行ったわけではなく、きちんとした国家理念としての「アジアの解放」、そして、「太平洋圏《けん》の繁栄《はんえい》」っていう理想を掲《かか》げての戦いではあったわけで、「それが、全部、間違っていた」とは思えないところはありますのでねえ。

そのへんは、やっぱり、私のような、苔《こけ》が生《は》えているような人間が言うべきことなのかなあと思います。

世界百数十カ国を回ったときに見えてきたもの

綾織　曽野さんはキリスト教徒でいらっしゃいますので、ひとつ、お知恵《ちえ》を頂きたいのですけれども、欧米《おうべい》のキリスト教徒が、そうした植民地支配や先の戦争について、見方を変えていくポイントになるようなものには、何かあるのでしょうか。

曽野綾子守護霊　先ほど、ご紹介《しょうかい》がありましたが、私も世界各地、百数十カ国に、実際に行って回って見てきておりますのでねえ。アフリカやアジア、中東など、いろいろなところを見るにつけても、やっぱり、「欧米のほうには、経済的にも成功したところからの蔑視《べっし》感っていうのは、そうとうあるんじゃないか。理解していない面っていうか、劣《おと》った民族として見下《みくだ》している面はそうとうあるんじゃないかな」と思います。

経済的に貧しいところもあるし、物質的に救われてない面も、かなりあるけれども、その彼らにも、長い長い歴史がございますので、そのへんを無視しているところは、やっぱり、あるように思いますね。そういう意味での、「近代の驕《おご》り」みたいなものですかね。

だから、ヒトラーを批判するのも結構ですけど、それだったら、コルテスとかピサロとか、ああいう人たちですねえ、中南米を侵略して滅《ほろ》ぼしていった人たち、文明そのものを滅ぼしたような人たちは、ヒトラー以上なのか、以下なのか、やっぱり、はっきりしていただきたいですねえ。

それに、大航海時代なども、地球を一周して開拓《かいたく》に入ったものでしょうけども、そうした、地球を一周して植民地時代を拓《ひら》こうとしたことは、善なのか、悪なのか。あるいは、キリスト教伝道のために、全部、許されることなのか。ほしいままに、後《おく》れている国を搾取《さくしゅ》して、自分たちが「資源」と「富」、「食糧《しょくりょう》」を貪《むさぼ》ったのか。人まで労働力として連れ去って、彼らの不幸の下《もと》に幸福を築いたのか。

やっぱりこのへんを、欧米人で、正直に告発する人があまりいませんから、そういう意味で、日本が勝手に〝メルトダウン〟をしてしまうのは、よくないんじゃないですかねえ。

4　今の日本には「意地悪《いじわる》ばあさん」が必要

なぜ、曽野綾子氏は現代女性を厳しく批判するのか

綾織　少し話は変わりますが、先ほど、「日本は文化的に負けなかった」というお話がありましたけれども、一方で、曽野さんは、現代において、日本の風潮《ふうちょう》自体をいろいろな点で、とても厳しく指摘《してき》されているところがあります。

曽野綾子守護霊　うんうん。それは、そう。

綾織　例えば、ＯＬに対して、「すごく甘《あま》ったれている」というような話をされたり、先ほども、善についてお話がありましたけれども、「そうした善や、一方的な

正義を押《お》しつける」ということで、人間が驕《おご》り高ぶっているような話もされていま
す。

これは、ともすれば、曽野さん自身が非常に悪役に見えて、失礼ですけれども、
口の悪い……。

曽野綾子守護霊　意地悪ばあさんね？　はいはい。

綾織　（苦笑）すみません。そういう見方もされてしまうんですけれども、このあ
たりの、ご自身の真意をお伺《うかが》いしたいなと……。

曽野綾子守護霊　いやあ、意地悪ばあさんが必要なんじゃないですか、今の日本に
は。

綾織　なるほど（苦笑）。そうですか。

曽野綾子守護霊　男性が怖《こわ》がって、女性を批判できないじゃないですか、まったく。

綾織　はい（苦笑）。そういうところはありますね。

曽野綾子守護霊　もう、ご機嫌《きげん》を取るしかないんでしょう？　ご機嫌を取る以外に、道がないんでしょう？　あとは黙《だま》っているか、ご機嫌を取るか、どちらかしか、できないんでしょう？

「女性を持ち上げさえすれば、世論《せろん》の支持を受けて、マスコミは悪口を書けなくなる。マスコミはそれを応援《おうえん》するしかない」みたいな、これも、一種の強制力が働いてますよね。ただ、やっぱり「洗脳《せんのう》だ」と思うんですよ。「ある種の洗脳だ」と思うので。

まあ、私は、ちょっと自負があるからかもしれません。そうした、女性にとって厳しい時代に、ペン一本で立ち上がって戦ってきた自負があるから、今の職業婦人でやってる女性たちが、すごく甘く見える面があるのかもしれませんけどね。そんな守られてるような状況《じょうきょう》ではなくて、自分の才覚と努力で道を拓《ひら》いてきたという自負があるから、そういう、「制度でもって守られて、そして、ルールを変えてでも平等にしろ」って言ってるのが、すごく甘い感じがするわけですよ。

例えば、大相撲《おおずもう》で言やあねえ、「土俵《どひょう》の上で相撲を取る男性は、あの格好《かっこう》をそのましているけれども、女性は、きちんと、セパレートでない水着を着て、相撲を取る。男性と相撲を取るけれども、男性とでは差があるから、女性が技《わざ》をかけたら、もうすでに、それで一本とする。男性の場合は、女性を土俵の外に投げ捨てなければ勝ったことにしない。女性は技をかけて、技にちょっとでも有効打《ゆうこうだ》があれば、もうそれで一本とする」みたいな感じの社会に変えようとしているように、今は見えるわけよ。

だから、「これが女性を甘やかす面もあるんじゃないかなあ。意地悪ばあさんは、少し必要かな」と思って、言っているんです。

われわれが、あの時代に、男性に伍《ご》して仕事をするっていうのは、やっぱり大変なことであったのでね。そのへんが甘ったれてるなあっていう感じだし、「会社のなかに託児所《たくじしょ》をつくれ」とか、甘ったれたことを言ってるなあっていう感じはしますよ。まあ、舛添《ますぞえ》さん（現・東京都知事）も「駅にも託児所をつくれ」とか言ってるようだけども。

ただ、男は戦場で戦ってるなかなので、「ごめんなさいね。ちょっと母乳《ぼにゅう》をやりに行ってきますから」みたいな感じで、「三十分消える」とかいうようなら、これは、「課長がこれじゃあ、会議にもならんわねえ」みたいな感じに、やっぱりなるでしょうよ。

だから、そのへん、多少の厳しさはあるんじゃないかねえ。それを乗り越《こ》えるには、それだけの逆風に耐《た》えなきゃいかんところがあるように、私は思えてしかたがないですけどね。
そういう意味では、大した実績もないのに、口だけ偉《えら》そうに言う女性には、やっぱり〝お尻《しり》ペンペン〟してやりたい気持ちはありますねえ。
私、次は男性に生まれるのかしら（笑）。

綾織　（笑）（会場笑）守護霊様は、女性でいらっしゃいますね？

曽野綾子守護霊　ええ。今のところ、女性の〝予定〟。

綾織　あ、そうですか（苦笑）。

曽野綾子守護霊　うん。〝予定〟というか〝つもり〟。

綾織　なるほど。

韓国《かんこく》や中国に厳しくするのは「日本の男性」を叱《しか》っている？

綾織　一方で、男性にも非常に厳しくて……。

曽野綾子守護霊　いや。男性にも厳しいよ。それはそうよ。

綾織　「戦後の男性には、気概《きがい》や勇気がなくなっている」というのは、よくおっしゃっています。

曽野綾子守護霊　うーん、その批判はね、半分は「日本国民の男性」に引き受けていただいて、半分は「夫」に引き受けてもらいました。

綾織　（笑）

曽野綾子守護霊　夫は〝被害者《ひがいしゃ》〟でしょうし、大変だと思いますが、やっぱり欲求不満がたまるのよ、こういう仕事はねえ。まあ、ストレスの塊《かたまり》ですからねえ。

（質問者たちを見て）あんたがたも、どれがいじめがいがあるか、やっぱり、すぐ見てしまうんですねえ、見るとね。（質問者の斎藤を見て）真ん中の人なんか、なかなか〝いじめたくなるタイプ〟ではありますねえ。

産経新聞　＜第三種郵便物認可＞

Opinion オピニオン

■546　迷惑な隣人

曽野綾子の　透明な歳月の光

いつまでも過去を言う卑怯さ

韓国と中国に対する一般日本人の最近の嫌悪感の原因は、個人の場合に置き換えてみると、意外とよくわかるような気がする。

友だちの一人が、いつもいつも70年昔のことを恨みがましくなじるようなことを言う性格だと、誰しも付き合うのに気が重くなって当然だろう。

これは比喩だが、ある友だちがいて、70年前、自分の隣に住んでいる一家が、自分たちに対してどんなにひどい仕打ちをしたかというような話を繰り返すとすれば、それは聞いていても楽しくない話題だから、それとなくその友だちとは疎遠になるだろうと思う。

さらに、時々は、矛先が私自身にも向けられて、あんたのあの女癖の悪いお祖父さんが、女との手切れ金だと言って当時のお金でうちから百円もの借金をしていって、いまだに返していない、というような話を蒸し返されると、もう当のお祖父さんは生きていないのだし、お祖父さんが踏み倒した百円は、今いくらに計算して返したらいいかもわからないから、私は何と言って謝ったらいいかとほうにくれるのである。

ユダヤ人は、自分が個人的に関わったのではない罪は、それが親であろうと子であろうと、代わりに謝ることができない、という立場を取っているという。それを認めたら、今度は自分が犯した罪を他人に謝らせることもできるようになるからだ、という。

反対に、自分自身が直接に受けたのではない損害——たとえば親たちが体験させられた強制収容所での虐待などに対して——いくら当の加害者が許してくださいと言っても、当事者でない自分は許しを与えることができない、という立場を取っている、といつか本で読んだことがある。今でもすべてのユダヤ人がそうなのかどうか私にはわからないが。

許されようと許されなかろうと、人間としての個人や国家は、歴史的過去を背負っているが、その人や国家の品格は、近年と現在、どのように生きているかで判断される。

幸いにも、戦後の日本人は、民族としては大勢において、正直に、勤勉に、自ら働いて国の復興を遂げ、犯罪の率も低く、警察は堕落せず、政治家や公務員の汚職も他国と比べればまだましな方と言える。しかも70年近く、われわれはどの国とも戦わずに生きてきた。

幸運もあったが、今日の日本の自立と繁栄は、軍備にお金を使わなかったからだろうと私は思っている。植民地主義などまっぴらだったから、自国の回復と繁栄に力を注げた。それでも、国内はまだ手の廻らないところだらけだ。

人の過去ばかり責める人と、私は友だちにならない。70年前、ほとんどの日本人はまだ生まれていないか幼い子供だった。他人の祖先のやったことまで引き合いに出して責めるのは、日本では卑怯なこととなっている。私は他者を現在のその人の生き方で判断する。

2013年7月3日付の産経新聞に掲載された曽野綾子氏のエッセイ。
「透明な歳月の光」と題し、2002年から連載が続いている。

斎藤　（苦笑）あのー、少し話題は戻《もど》りますが、辛口《からくち》な言葉といえば、先ほど、綾織のほうからもありました、韓国《かんこく》と中国の「歴史認識」の問題につきまして、産経新聞にずっと執筆《しっぴつ》されているエッセイ、「透明《とうめい》な歳月《さいげつ》の光」のなかで、隠喩《いんゆ》的なかたちをとって、中国や韓国に対する見方を、「迷惑《めいわく》な隣人《りんじん》 いつまでも過去を言う卑《ひ》怯《きょう》さ」という見出しで……。

曽野綾子守護霊　ウフフフ……。

斎藤　そして、文章では、「人の過去ばかり責める人と、私は友だちにならない」と、けっこう厳しめに言っておられます。これは、上品に書かれていますが、本心では、もっと厳しく思っていらっしゃるのかなというようにも感じるのですけれども……。

曽野綾子守護霊　まあ、本当は、「男子」っていうか、男性がだらしないところを叱《しか》ってるんです。「もうちょっと、堂々と言えよ」というつもりでね。

斎藤　つまり、「叱っている」と、意図的に思っておられるわけですか。

曽野綾子守護霊　うーん、だけど、男性がそれを言うとね、日本のマスコミは、すぐにまた、向こうの立場、中国や韓国の立場に立って、批判してくるんですよ。だから、日本の男性の政治家とか評論家とかでもそうですが、あまり言いすぎると、すぐ、それを容赦《ようしゃ》なく批判してくるけど、女性だと〝言いにくい〟らしいので。だから、「私が、あえて言ったほうがいいのかなあ」と思って言ってるんですけどねえ。女性を叩《たた》くと、何か悪いような感じがするらしいのでね。

斎藤　なるほど。では、「警醒《けいせい》の言葉」というか、「世に対して、女性がドンッと言えば、反作用がない」と？

曽野綾子守護霊　あるいは、年寄りの繰《く》り言《ごと》、老いの繰り言かもしれないけどもねえ。

いやあ、それは、あんたがたの宗教に対しても、決して敵視してるわけではなくて、「大川隆法さんなんかも、ずいぶん、言いにくいことっていうか、聞きにくいことを言ってるなあ」という感じは受けておりますから。

いや、それは、ちゃんと〝男らしい〟ところもあるとは思いますよ。まあ、そう思いますけどね。

5 日本が「取り戻《もど》すべきもの」

「女性の社会進出のあり方」と「少子化《しょうしか》問題」はこう考える

金澤　今日はありがとうございます。

「男性女性ともに、人生の先輩《せんぱい》として叱《しか》る」という、たいへんありがたい立場を買って出てくださっていると思うのですけれども、今、少子化《しょうしか》が進んでおりまして、「そうは言っても、女性にも社会進出をしてもらわないと働き手がいない。女性を何とか職場に招きたい」という企業《きぎょう》も増えています。

そうしたなかで、確かに、女性にも、一部、甘《あま》え等があるとは思いますけれども、「それでも、何とかお役に立っていきたい」という考えを持っている女性も多いと思うのです。

そういう意味で、「今の時代に、女性はどのように社会進出していけばよいのか」、あるいは、「そのような社会のなかにおいて、男女の理想的なあり方とは、どういったものなのか」。何か考えをお持ちでしたら、お教えいただきたいと思います。

曽野綾子守護霊　まあ、これからの日本がどうなるかにかかわる問題かとは思うんですけどねえ。

これだけ「少子化、少子化」と言って、「老後の福祉《ふくし》の問題が大問題だ」と言われてる時期ですよねえ。ただ、解決するのは、そんな難しいことではないんです。それは、女性がたくさん子供を産《う》んでくれれば解決するだけの問題なのに、「女性の社会進出を推《お》し進める。女性の管理職を増やす」と言って、一生懸命《いっしょうけんめい》やってますけども。

そうやって、子供の数を減らし、税収を減らし、そして、負担だけを増やすことによって、財政赤字を増やして、国力を落とそうとしているように見えなくもありませんわねえ。

それは、やっぱり、十何人も子供を産んだ与謝野晶子《よさのあきこ》みたいな人もいらっしゃいますから、職業婦人だから、「仕事が十分にできない」っていうわけでもないし、「子供が産めない」というわけでもないので、やや、そのへん、女性に少し忍耐力《にんたいりょく》が足りないような気がしてしょうがないですね。

その意味で、「今の女性は、あまり尊敬されてない」と私は思いますね。社会的に仕事をして、地位をもらったり、有名になったりしても、何か、そんなに尊敬されている感じはしないんですよ。それは、ルールを変えて、やってるからねえ。

いちおう、神が男女を分けられた以上、機能にも違《ちが》いがあるのは当然であるんです。それを「単なる差別だ」と取るかどうかは自由だけど、そうなると、神様への批判にまで行

与謝野晶子（1878 ～ 1942）
歌人・作家・思想家として活躍する一方、夫の鉄幹との間に 12 人の子供をもうけた。

くことになりますのでね。

男は、やっぱり、女性をはらませることはできるけど、産むことはできませんので、「女性に子供を産んでもらわなきゃいけない」ということになりますと、「女性の社会進出を増やして、管理職を三十パーセントにする」とか、「四十パーセントにする」とか言ってるけど、あまり、そういう「制度をいじって、ルールを変えて活躍《かつやく》する」っていうのはねえ。まあ、何て言うの？　駒落《こまお》ち将棋《しょうぎ》みたいなもので、面白《おもしろ》くないと思いますね。

だから、「能力のある女性」、それから、「それだけの努力をした女性」が、きちんと報《むく》いられる社会であったほうがいいとは思いますが、能力の……、ちょっと、〝ばあさん〟だから、言葉はきついけど、ごめんね、「能力のない女性は、さっさと子供を産め！」って、やっぱり言いたいわけですよ、はっきり言やあ。そうしたら、日本の社会問題は解決するんだからね。「能力がないなら、さっさと産め」と言っているんですよねえ。

それで、「子供を産んで、すぐ離婚《りこん》して、ワーキングプアになった」とか、「子連《こづ》れで、アルバイトしか仕事がない」とか言って、NHKの「クローズアップ現代」みたいなので流されたりしてね。

（テレビ局は）ああいう一面的な報道をして、何か、「すごく貧しい女性が増えてる」とか言ってるけど、みんなわがままですよ、見ててねえ。もうちょっと、辛抱《しんぼう》しなきゃあ。

あ、これ、あんたに言ったら、まずい話題だったかなあ。

日本女性の「忍耐力《にんたいりょく》」が落ちてしまった理由

金澤　今、「女性に忍耐力《にんたいりょく》がなくなった」というお話でしたが、確かに、そういったところもあると思います。

それでは、なぜ、現代の女性は、そのように忍耐力がなくなってしまったのでしょうか。

私たちの母や祖父、祖母等の時代に比べると、「格段に、忍耐力が落ちている」というように、おそらく、お見えになっていると思いますし、実際、そういう一面はあると思うのですが、なぜ、そのように、女性の忍耐力が落ちてしまったのでしょうか。その原因は……。

曽野綾子守護霊　いや、西洋化したからでしょうねえ、ずばり。

金澤　西洋化？

曽野綾子守護霊　うーん。西洋の文明のほうを、やっぱり、「よし」として受け入れた面があったからね。

日本の文化の、いちばん優《すぐ》れたところは……。だから、外国人は、日本女性にすごく憧《あこが》れてたんです。戦前の日本女性に憧れてた点はあって、ドイツ人だって、

「嫁《よめ》さんにするのなら、日本女性がいい」って言ってたぐらいで、もう、「天下の至宝《しほう》」というか、「あんな女性はつくれない」っていうぐらい、何と言うのかなあ、無私の心で尽《つ》くして、負担を一手に引き受けて、縁《えん》の下で耐《た》えられて、さらに、夫に殉《じゅん》ずるみたいな気持ちを持っている女性が、たくさんいましたですからねえ。

やっぱり、欧米《おうべい》のほうは、ご機嫌《きげん》を取られるのに慣《な》れてる文化、レディーファースト的に持ち上げられるのに慣れてる文化ですので。あれで逆に（先の大戦で日本に）やられてたら、欧米の女性のほうが、今度は逆に、もっともっと反省させられることになったわけなんですけど

可憐で繊細だが、心の強い日本女性は、「大和撫子《なでしこ》」という美称で表現された。

もね。

あれ（戦前の日本女性）はあれで、立派な一つの姿で、その代わり、そういう母の姿を見て、子供たち、特に、男の子たちが、みんな立派になってきたところがあるんです。母が、自分を無私の状態に置いて、尽くしている姿を見て、やっぱり立派になってきたところはあるんでね。

まあ、そのなかから、私みたいに〝はぐれ者〟も一部出てくるから、しかたはないんだ。〝はぐれ者〟は、はぐれ者でしかたない。そういう〝はぐれ者の酔《よ》っ払《ぱら》いの素浪人《すろうにん》〟みたいな女性も、一部、出てくるのはしかたがないけども、大部分の日本女性は立派だったわけですよ。

だから、その部分は、やっぱり誇《ほこ》りを失ったわけで、「日本を取り戻《もど》せ」って言うなら、そこもですねえ、ちょっと取り戻さなくてはいけないんじゃないかという気はするんですけどねえ。

だから、日本女性はねえ、戦後、「男性と競争して、打ち勝つことに血道《ちみち》を上げた」

っていうか、ちょっとそんなところがあるわけ。でも、完全に欧米化しないところは、たぶんあると思いますよ。

私は、（そういう女性を）認めないわけじゃないけども、「〝戦い方のルール〟まで変えて、量的に、同じように扱《あつか》え」っていうようなやり方は、あまり好きじゃないですねえ。

このへんは分かりにくいかもしれないけど、「女性に社会資本をかけて教育をつけることによって、結局、社会が衰退《すいたい》していくんだったら、それはおかしい」っていう感じはありますね。

6　夫・三浦《みうら》朱門《しゅもん》氏との「二人三脚《ににんさんきゃく》」

三浦《みうら》朱門《しゅもん》氏との夫婦《ふうふ》関係は「実力主義の社会」？

綾織　「レディーファースト」という意味では、ご主人の三浦《みうら》朱門《しゅもん》さんとの関係は、おそらく、「かなりレディーファーストの状態なのかな」と思うのですけれども……。

曽野綾子守護霊　まあ、それはねえ実力の社会で、「肉食獣《じゅう》」対「草食獣」の違《ちが》いがあるからねえ。

三浦朱門（1926 ～）
作家であり、日本芸術院院長。日本大学芸術学部教授、文化庁長官、社団法人日本文藝家協会理事長などを歴任。

綾織　ああ、そうですか（苦笑）。

曽野綾子守護霊　それはしかたないよ。私、〝あぶれ者〟なの。ちゃんと言ったじゃない、最初から。

綾織　はい、そうですね。それは理解しています。

曽野綾子守護霊　〝アウトロー〟なのよ。「女性」にカウントしちゃいけないのよ。

綾織　曽野さんご夫婦《ふうふ》は非常に円満《えんまん》でいらっしゃって、かつ……。

曽野綾子守護霊　「円満」かどうか分からない。向こうが我慢《がまん》してるだけかもしれないので。

綾織　ああ、そうですか（苦笑）。

曽野綾子守護霊　ええ。私は我慢しないけど、向こうは我慢し続けている。うーん。

綾織　「お二方《ふたかた》とも、生涯現役《しょうがいげんえき》で頑張《がんば》っていらっしゃる」というのは、非常に珍《めずら》しいご夫婦で……。

曽野綾子守護霊　だから、ちょっと、クリントン大統領が味わったような気分を、夫も味わってるかもしれません。「曽野綾子の夫」みたいな感じの言われ方に対しては、ずいぶん、不満はあるんじゃないですか。

綾織　（笑）

曽野綾子守護霊　すみませんね。自分にできないことを人に言って、何か申し訳ないなあ。

綾織　いえいえ。それは、もう言論ですので、そういうこともあると思うんですけれども……。

曽野綾子守護霊　ああ。

綾織　そのあたり、何か、「夫婦円満の秘訣《ひけつ》」みたいなものはありますか。

曽野綾子守護霊　いや、それは、「夫が我慢した」という、ただ、その一点でございましょう。

綾織　（笑）

斎藤　夫が我慢するのですか。

曽野綾子守護霊　ええ。「夫が我慢した」という、その一点で。（夫が）大川隆法さんだったら、絶対、離婚《りこん》されてるわ。うん。されてると思う。絶対だ。「ああ、許さん」と思うから。「このガキ、もうゴミと一緒《いっしょ》に出ていけ」っていう感じで、蹴飛《けと》ばされたに間違いない、たぶんね。

『安倍昭恵首相夫人の守護霊トーク「家庭内野党」のホンネ、語ります。』（幸福の科学出版）。「夫にゴミ出しをさせるか」というテーマについても取り上げられたホンネトーク。

斎藤　「ご主人を指導して、ゴミも、毎朝、きちんと出させている」という話も聞きましたけれども……。

曽野綾子守護霊　そうなのよ。それは夫の仕事です。ああ、そうですよ。稼《かせ》ぎ頭《がしら》はこっちですから。

斎藤　やはり、収入が多いほうが〝強い〟のでしょうか。

曽野綾子守護霊　当たり前よ。それは、しかたないでしょう。稼ぎ頭がこっちだった場合、「主人」はこっちですよ。

斎藤　（笑）

「理想の男性」には、八十年、出会ったことがない？

金澤　そうしますと、例えば、曽野先生の作品には、小説がいろいろあると思いますが、そのなかに出てくる登場人物で、「男らしい男」というか、「理想の男性」といわれるような人が、あまり出てこないのは……。

曽野綾子守護霊　うーん。だから、あまり出会ったことがないのでね。そういう、理想の男性みたいなのに出会わないいんですよ。もう、モヤシみたいなのばかり出てくるから。

斎藤　「強い男性」が理想ですか。

曽野綾子守護霊　いやあ、私を目茶目茶《めちゃめちゃ》へこませるぐらいの男性に出会いたいけど、八十年、全然、出会えないものでね。

斎藤　ご本人が、「それだけ強い」ということではないですか。

曽野綾子守護霊　知らんけど、男が弱くって、話にならないですよ。

「夫はよき〝サンドバッグ〟であれ」

金澤　そうしますと、曽野先生が考える、「理想の夫婦のあり方」「理想の家族のあり方」というのは、どのようなものなのでしょうか。

曽野綾子守護霊　まあ、私みたいなのは特殊《とくしゅ》だから、ちょっと一緒には言えないかもしれないけども、「夫はよき〝サンドバッグ〟であれ」ということですねえ。叩《たた》かれても叩かれても、「稽古台《けいこだい》になってる」と思って、もう、〝サンドバッグ〟……。

金澤　誰《だれ》に叩かれるのですか。

曽野綾子守護霊　うーん、妻ですよ。

金澤　妻に……(苦笑)。

曽野綾子守護霊　ああ、当然でしょう。だから、よき〝サンドバッグ〟でなきゃいけないね。

夫の三浦朱門《みうらしゅもん》氏・嫁《よめ》の三浦暁子《あきこ》氏が語る「曽野綾子像」

斎藤　三浦朱門《みうらしゅもん》さんと、ご子息の太郎《たろう》様のお嫁《よめ》さんに来られました、三浦暁子《あきこ》さんとが対談をされていまして……。

曽野綾子守護霊　あまり、裏を取るんじゃないよ、あんた。

斎藤　いえいえ。そのなかで、「お義母様《かあ》と衝突《しょうとつ》したり、戦おうとしたら、そりゃ大変だったと思うんです。敵《かな》うわけないんですよね、どうやったって」と言っておられましてね。

曽野綾子守護霊　そらあ、そうでしょう。「戦艦大和《せんかんやまと》」対「ゴムボート」みたいなものですから、それは無理ですよ（会場笑）。

斎藤　そうですね（笑）。ただ、暁子さんは、曽野さんについて、「家庭をマネジメントする力がすごくある」「対外的にお礼状を出したり、そういうことも本当にきちんとできるんです」ともおっしゃっています。そして、ご主人も、「曽野綾子という人は、マネジメントする力がすごくあるので、小説なんて書かなくても、今日ただいまでも、まともな主婦として通用するだろうと思う」というようなことを言われています。

曽野綾子守護霊　うん。夫はねえ……。夫は、〝主婦〟（主夫）として通用しますよ。

斎藤　（苦笑）いえ、ですから、曽野さんはすごくしっかりなさっていますが、それは、やはり、「主体性のある人生をしっかり生きる」というような……。

曽野綾子守護霊　いや、本来、私みたいな仕事をしてたら、普通《ふつう》は独身でしょうね。やっぱり、独身が普通。女流作家としては、独身が普通だと思いますよ。

これで夫がいて息子《むすこ》がいるなんていうのは、奇跡《きせき》に近いことでございますので、周りにそうとう我慢した人がいたことは間違いないと思います。たまたま、運よく恵《めぐ》まれたということと、「女性は結婚《けっこん》するものだ」という価値観の時代に生きてたということもあるんだろうとは思いますがね。

だから、「当然、結婚して子供を産むものだ」という前提がありながら、「そのなかで仕事をしたい」という自分の欲求で、その道を選んできただけで、今なら、もうしないでしょうね。今の時代だったら、当然、独身で行くんだろうと思うけどねえ。

五十歳《さい》を前に体験した「失明の危機」を振《ふ》り返って

斎藤　それほど〝お強い〟わけですが、曽野綾子さんといえば、「忍耐《にんたい》の時代」というか、「失明の危機を乗り越《こ》えられた」というトピックが、巷《ちまた》には広く行きわたっています。これは自伝にもお書きになっていますが、「五十歳《さい》を前に、目が急に悪化して、ほとんど失明に近いような状態だったのを、結局、手術によって乗り越えられた」ということですけれども、このときは、強さもあったものの、〝弱かった時代〟でもあったのでしょうか。

曽野綾子守護霊　うん。でも、失明っていうのは、もしかしたら、「神のご慈悲《じひ》」だったかもしれないんです。失明したほうが、世の中を毒さないで済んだ可能性が高いですよね。

小説家とかいうのは、字が読めなかったら、もう廃業《はいぎょう》ですから、事実上。読むことができず、書くことができないようになったら、廃業ですので、もしかしたら、神のご慈悲だったかもしれない。

悪魔《あくま》が医者に加担して、目を治す手術に成功してしまったのかもしれないので、もしそうだったら「反省」です。反省させていただきます。

綾織　実際には、それを乗り越えられて、七十代でも、小説を書かれています。

曽野綾子守護霊　そのように、いろいろ病気をしたり、けがをしたりはしたので、そのたびに、性格は悪くなってます。乗り越えるたびに……、まあ、「乗り越える」って言い方はちょっと違うかもしれませんが、それを過《す》ぎ越《こ》すたびに、性格は、段違いに悪くなっていってます。だんだん、だんだん悪くなっていってます。

だから、「長生きする」っていうことは、「性格が悪くなる」っていうことですよ。よく知っといたほうがいい。

斎藤　（笑）

金澤　でも、長生きされて、今でも本当にお元気で、いつもシャンとなさっていて、そして、どんどんどんどん……。

曽野綾子守護霊　元気じゃない。元気じゃないですよ。あっちもこっちも痛いからさあ、体は。

金澤　いや、それでも、これだけ、いろいろ……。

曽野綾子守護霊　だから、悪口を言わないと、おれないのよ。物を書けば、悪口を言う。

金澤　そのバイタリティは、どこにあるのでしょうか。あるいは、その源《みなもと》というか、創作の意欲、コツというか……。

曽野綾子守護霊　うーん。「バイタリティはどこにあるか」と言われても、まあ、本当は、男に生まれたかったのかなあ。実を言うと、そうなのかもしれないねえ。

元・文化庁長官の「夫・三浦朱門《みうらしゅもん》氏」との微妙《びみょう》な関係

斎藤　まあ、失礼な話なのですけれども、小さいころは、お父様とお母様が、非常に……。

曽野綾子守護霊　ああ、言うの？

斎藤　いや、でも、人生を深めるためには必要な話ではありませんか。

曽野綾子守護霊　ああ、ああ。

斎藤　「幼少時代には、お母様がお父様から暴力を振《ふ》るわれて、非常に心を痛められた」というようにもお聞きしていますけれども、そのような力や権力、不正等に対しては、どのような感じ方をされていますでしょうか。

曽野綾子守護霊　そういう意味ではね、女性は口が立たないと、防衛戦ができない点はあるわね。腕力《わんりょく》では、当然ながら敵《かな》わないところがありますのでね。やっぱり、口で戦わなくてはいけないし、口で戦うためには、頭脳を鍛《きた》えなければいけないっていうことはありますわねえ。

だから、夫なんかは、私と結婚したのが幸福だったかどうかは知りませんけどねえ。まあ、いちおう、東大の文学部を出ておりまして、学歴的には向こうが威張《いば》っていいのに、聖心《せいしん》出の私のほうが、何か、文壇《ぶんだん》においては力を張っておりますので、〝微妙《びみょう》な関係〟ではあるんですけどね。

斎藤　ただ、そのようにおっしゃいますけれども、先ほど、経歴等をお伺《うかが》いしたかぎりでは、客観的に見て、ご主人を出世させる「あげまん」的な能力も、一方にはお持ちではないかと……。

曽野綾子守護霊　あんた、よいしょできるの？　ほおー、驚《おどろ》いた。

斎藤　いえいえ（笑）。例えば、ご主人は、文化庁の長官になられたりとか……。

曽野綾子守護霊　ええ。まあ、そのときだけは「あげまん」かな。

斎藤　そういう「内助《ないじょ》の功《こう》」的なこともされて……。

曽野綾子守護霊　いや、文化庁長官っていっても、仕事してないからね。座《すわ》ってるだけ、名前だけだから、実際上、仕事はないんです。「文化にかかわる人が椅子《いす》に座る」というだけのことで、まあ、それだけが生きがいで、生きていられるんだと思うんですよ。

「わしは、文化庁長官になったことがある」「わしは、長官だ。大臣だ」みたいな感じの気分かな。それをやったので、「どうだ、おまえより偉《えら》いだろう」みたいな、これだけを生きがいにして、いまだ頑張ってるんだと思いますよ。

金澤　日ごろの、ご主人様との心の交流や、絆《きずな》の確認、愛情表現などは、どのようになさっているのですか。

曽野綾子守護霊　ああ、よき下僕《げぼく》として仕えてくれるかどうかだけに関心がありますが……。

斎藤　ご主人は、「よき下僕」なんですか。

曽野綾子守護霊　そうそう。だから、「体が動くといいな」と願ってますよ、本当に。

斎藤　ご主人が長生きして……。

曽野綾子守護霊　いや、こちらの足を引っ張るような状態になられると、私だって、斧《おの》を取り出して、〝惨殺《ざんさつ》〟する可能性があるから。やっぱり、朝ご飯ぐらい、きちんとつくって頑張ってくれるように、やってほしいですねえ。

結婚《けっこん》には「いいところもある」

斎藤　ただ、先ほどお伺いしましたように、若年性《じゃくねんせい》の白内障《はくないしょう》等による、失明の危機もありましたし、もう一つ、その前には、不眠症《ふみんしょう》が始まり、鬱病《うつびょう》になられたときもありましたけれども……。

曽野綾子守護霊　うーん。でも、みんな、あるじゃない。そんなの普通《ふつう》じゃないの。

斎藤　いや、全員とは限らないですね。

曽野綾子守護霊　そう？　うーん。

斎藤　そういうときでも、ご主人は、ずっと温《あたた》かく見守ってくださったではありませんか。

曽野綾子守護霊　うーん。それが結婚《けっこん》のいいところでねえ。私みたいなのが楽なのは、ある意味では、もし物が書けなくなってもさあ、「死なない」っていうか、「飢《う》え死にはしない」っていうことね。それが女一人だった場合は飢え死にもあるけど、まあ、「飢え死にはしないだろう」っていうことは一つある。

それと、ちょっと自制心がないもので、けっこう口の悪いことをたくさん書きまくるし、社会的問題とかも、えぐったりする癖《くせ》があるから、外から攻撃《こうげき》が来る可能性があるんですよね。

そういうときに、「夫がいる」っていうことは、一つの門番ぐらいの役割は果たしておるわけで、いちおう、「夫も敵に回さなきゃいけない」ということは、向こうも覚悟《かくご》しなきゃいけないというところで、ちょっとだけは役に立ってますわねえ。

あなたねえ、その意味では、結婚したほうがいいこともあるよ。

7　クリスチャンとしての「伝道のエートス」

曽野綾子氏を「世界各国への取材」や「執筆《しっぴつ》」に駆《か》り立てるものとは

金澤　お話を伺《うかが》っていますと、本当にお強くていらっしゃって、「そのお強さはどこから来るのかな」と思ったときに、クリスチャンでいらっしゃいますので、やはり、「イエス様への思い」など、「信仰《しんこう》ゆえの強さ」というものがおありなのかなと思うのです。

そこで、そうした、キリスト教徒としての「イエス様に対する思い」などをお教えいただけると、ありがたいのですけれども……。

曽野綾子守護霊　ああ、「キリスト教徒」っていうのは、やっぱり、「何かしなくてはいけない」っていう感じの、ある意味での「盲目的衝動《もうもくしょうどう》」みたいなものを起こすところはありますよね。

「社会的奉仕《ほうし》」というかねえ、何か、「世の中に尽《つ》くさなくてはいけない」っていうものを、無言のうちに要請《ようせい》するものはありますよねえ。

だから、そういうことが、行動に駆《か》り立ててくるところはあります。

というか、私は「多動性」なのかもしれませんけど、こんな奥《おく》さんをもらったら不幸だわね。「世界百二十カ国以上を、夫も連れずに平気で回ってて、どこの誰《だれ》と行ってるかも分からない」みたいな妻ですから、結婚《けっこん》としては、あまり幸福ではないでしょうね。

そりゃあ、夫は、忍耐力《にんたいりょく》だけ神様にほめられるだろうと思いますがね。

まあ、私のほうは、いちおう、本来は伝道

海外で難民の支援活動に携わる曽野綾子氏。

するようなエートス（持続的な特質、気風）なんだろうと思うんだけど、伝道までは行ってなくて、作家としての取材みたいな感じに、結果、なってるのかもしれない。実際は、「本当は伝道したい」みたいな衝動が、「貧困《ひんこん》の現状や、社会的な腐敗《ふはい》、犯罪の温床《おんしょう》になっているところなど、いろいろなものを見て回りたい」っていう気持ちになって、「それを告発したり、書いたり、意見を言ったりすることで、世の中がちょっとでもよくなる一助《いちじょ》になればいいかな」という気持ちは持っているんですけどね。

綾織　小説や社会評論、人間学的なものなど、今でもたくさん書かれていますけれども、それもやはり、モチベーションは「伝道」なのですか。

曽野綾子守護霊　うーん。やっぱり、根本《こんぽん》には、一つ、入ってはいますよねえ。そういう宗教的な動機は入っています。「今、イエスの僕《しもべ》の一人としての仕事はしなくてはいけない」っていう気持ちがあることはありますわね。
ただ、先ほど、大川隆法さんが言われていたように、「おまえの人生論は、読んだって、全然、頭に残らん」って言われたら、それはもう、返す言葉が……。ちょっときついですね、この人、なんかね。きついこと言う。「中身がない」っていうことでしょう？　要するに。それが言いたいんでしょう？

綾織　いやいや。

曽野綾子守護霊　「読んだって、何も残らないんですけど」って、まあ、それは、そちら様はね、ご立派ですよ。立派な本をたくさん書かれてるとは思いますけどね。言ったな！　悔《くや》しい！　本当に。

綾織　ただ、曽野さんには、八十万部以上の著作もありますし、ファンも多いですから、「影響力《えいきょうりょく》は大きいな」と思って見ています。

曽野綾子守護霊　うーん。だけど、「過去の人」になりかねないからねえ。だから、やっぱり、今も過激なことを、ときどき言わないといけないわけよ。

綾織　ああ、なるほど。

六十年近く、執筆《しっぴつ》を継続《けいぞく》してきた力の「核心《かくしん》」とは

斎藤　曽野さんは、クリスチャンとして、中心に神をお持ちであると思いますけれども、そのように、神とずっとつながっておられるのは、今、綾織が述べたように、「信仰の力で、長く伝道したい」という思いがおありだからなのでしょうか。

実は、われわれの学びのために、ぜひお教えいただきたいのは、曽野さんは、もう六十年近く、ずっと書いておられまして、ご本人様いわく、「書いた量は四百字

の原稿《げんこう》用紙で十五万枚以上になるでしょう。計算すると六千万字なんですね」とのことでして、「継続《けいぞく》する力」というものをお持ちであるわけですけれども、そのように、ずっと続けてこられた力の「核心《かくしん》」というのは、いったい何なのでしょうか。

曽野綾子守護霊　まあ、「パイオニアとしての気概《きがい》」みたいなものかなあ。

要するに、戦後の女流作家として、この業界の〝牽引車《けんいんしゃ》〟だったという気概みたいなものかなあ。そんな感じはあるかと思う。「『D51《デゴイチ》』みたいな感じの、機関車のような気概があったのかなあ」という気はしますね。

だから、先ほど、女性に「甘《あま》えるな」とも言っておりますけども、それを言う以上、やっぱり、引っ張っていく機関車の部分というか、頑張《がんば》って煙《けむり》を吐《は》き続けなくてはいけない部分はありますから、そういう「パイオニアの気概」かなあ。

やはり、女性が、昔の時代に名を成すっていうのは、そんな簡単なことではなかったのでねえ。ほめられてばかりでもない面もあったことはあったし、男性の同業者からだって、嫉妬《しっと》による「競争心」がそうとう来てましたからねえ。

六十歳《さい》を過ぎて、「マネジメント系統」に踏《ふ》み込《こ》んだ理由とは

斎藤　「パイオニア」ということについて言えば、周りの人は、みな、「これは、すごいな」と思って見ていると思うのですが、曽野さんは、小説家の身でありながら、日本財団（旧財団法人日本船舶振興会《せんぱくしんこうかい》）の会長をされて、マネジメント系統のほうに踏《ふ》み込《こ》んだり……。

曽野綾子守護霊　それは、すごくないかもよ。

斎藤　え？

曽野綾子守護霊　これも、また、「飾《かざ》り」かもしれないから。

斎藤　でも、一九九五年から、十年されていたではありませんか。

曽野綾子守護霊　まあ、「飾り」かもしれないから。「男になり損《そこ》ねた症候群《しょうこうぐん》」っていうので、「男の気分を味わってみたかった」っていうことかもしれないから。

斎藤　でも、不正なところを突《つ》いたり、経営的なところでは、何十億円も、バッサリ、経費をカットしたりと、辣腕《らつわん》を振《ふ》るわれて、すごく組織を固めたというようなことも聞いていますが、いかがでしょうか。

曽野綾子守護霊　まあ、それは、「そういうことも経験してみたかった」っていうか、まあ、会社勤めをして、キャリアをつけてる女性も多いですからね。

そういう意味で、「現実的な社会の構造のなかで、判断するような仕事を、少しは学んでみたい」っていう気持ちはあったんです。小説家は、空理空論《くうりくうろん》になることもあるんでねえ。

それと、「一定の年を取ったので、そういう役職が回ってきやすかった」ということもあるのかと思いますが……。

斎藤　「六十歳《さい》を過ぎてから、日本財団の会長に就任した」と聞きました。

曽野綾子守護霊　要するに、小説を書く力が落ちてきたから、ちょっと、ほかの仕事で……。

斎藤　いえいえ。そんな、謙遜《けんそん》なさらずに。〝何か〟があるはずです。

曽野綾子守護霊　いえいえ。「ほかの仕事でごまかそうとした」と言うべきかもしれませんね。

　キリスト教的な奉仕《ほうし》活動によって「得たいもの」

斎藤　あと、曽野さんは、海外で働く神父《しんぷ》さんや修道女《しゅうどうじょ》のために「JOMAS《ジョーマス》（海外邦人宣教者《ほうじんせんきょうしゃ》活動援助《えんじょ》後援会）」という組織をおつくりになっていまして……。

曽野綾子守護霊　うん、うん。

斎藤　まあ、信じられないと言ったら変ですが、個人で組織をつくり、四十年ぐらい運営して、十七億七千万円の寄付を集めたそうですけれども……。

JOMAS ホームページより

曽野綾子守護霊　うん。

斎藤　これは、すごい活動だと思いますけれども、本当に一人で立ち上げて、ここまでやってきたのですか。

曽野綾子守護霊　知らんわ。そらあ、そうかもしれないし、そうでないかもしれないけれども……。

斎藤　どういう気持ちで、そういう奉仕《ほうし》活動をされたのでしょうか。

曽野綾子守護霊　いや、私にだってねえ、「マザー・テレサみたいな名声に包まれたい」っていう気持ちが、ないわけではないのよ。

斎藤　名声に包まれたい？

曽野綾子守護霊　そうそうそう。

斎藤　え⁉

曽野綾子守護霊　ええ、そうよ。ないわけじゃないんだけど、それほどの名声はないのよねえ。「作家の仲間」として知られてはいるけど、「キリスト教徒的な活動で名を上げる」っていうか、「世の中に分かってもらう」っていうところに関して、もうひとつ届かない感じがあるんでね。

そういう、「奉仕行《ぎょう》の部分で一流の実績がちゃんと欲《ほ》しいなあ」っていう気持ちはありましたね。

だって、作家として、ベストセラーを出したって、それだけだったら、「自分の金儲《かねもう》けではないか」と言われるじゃないですか。

8　イエスの「奇跡《きせき》物語」への疑問
『聖書《せいしょ》』の奇跡談《きせきだん》は「バカバカしく見える」

綾織　先ほど、「イエスの僕《しもべ》としての意識もある」というようなことをおっしゃっていましたけれども、キリスト教信仰《しんこう》についても、お伺《うかが》いしたいと思います。

曽野さんの守護霊様は、イエス様について、どのように思われているのでしょうか。

曽野綾子守護霊　うーん。聖地エルサレムから、イエスが活動したあたりの砂漠《さばく》地帯から、ガリラヤ湖畔《こはん》から、まあ、いろいろな、イエス関連のところには、取材も兼《か》ねて、よく行って見てきておりますけどねえ。

現代人の悲しさで、その荒《あ》れ果てた地をたくさん見るとねえ、やっぱり、「実際に、そんなところは見ないで、活字のなかだけで、『聖書《せいしょ》』に書かれた物語を信じてるほうが幸福なのかなあ」と思うことも、よくありますねえ。現地を見れば見るほど、何だか、その「奇跡《きせき》物語」が、ずいぶん浮《うわ》ついたもののように見えて……。

まあ、私のような小説家から見れば、「稚拙《ちせつ》な作者」が書いた物語が入ってるように見えてしかたがなくて、ここがちょっと、信仰心が足りないんでしょうね。反省しなきゃ……。どうぞ、私を懺悔《ざんげ》させるなら、させてください。

綾織　いえいえいえ。

曽野綾子守護霊　信仰心が足りないんです。『聖書』のなかには、奇跡の物語がたくさん書かれてるけど、同じく作家として、フィクションを書ける人間から見て、「私が書いたら、どうなるか」っていうのを考えると、「もう少しもっともらしく、もう少し本当らしく書くことができたんじゃないかなあ」と……。

奇跡談《だん》にしても、あまりにもバカバカしい書き方をしすぎてません？

例えば、五個ぐらいのパンを引き裂《さ》いたり、何匹《なんびき》か知らんけど、魚を引き裂いたりしたら、「五千人がお腹《なか》いっぱいになった」と書いてあるじゃないですか。平気でね。

ただ、それが起きた現場を見て歩いて、想像してみるとねえ、「もう、いいかげんにしなさいよ。この稚拙な文章を書いた人の小説家能力って、いっ

「パンと魚の奇跡」は、イエスの行った奇跡の一つ。
食べ物として、５つのパンと２匹の魚しかなかったにもかかわらず、天を仰いで賛美の祈りを唱えたイエスはそれらを裂いて、5000人を超える人々に与えたという。

たいどのくらいだろうか」と思っちゃうところがありますねえ。

綾織　いや、でも、分かりませんよ。そういう奇跡が、本当にあった可能性もありますからね。

曽野綾子守護霊　いやあ、私なんかは、不信心者《ふしんじんもの》だし、信仰者としては中途半端《ちゅうとはんぱ》だから、「それは、みんなが隠《かく》し持ってきたものを、いっせいに出したんだ」というふうに〝変えたり〟しちゃうわけですよ。

どう見ても、考えられないんですよ。

綾織　確かに、曽野さんの小説を見ても、奇跡とか、あるいは、宗教的な回心みたいなことが、あまり出てきませんせん（苦笑）。

曽野綾子守護霊　それは、たぶん、遠藤周作《えんどうしゅうさく》さんだって同じだろうと思う。あんまり奇跡を信じられないのは、彼も一緒《いっしょ》でしょ？

綾織　ええ。

曽野綾子守護霊　病気で苦しんだりしても、あんまり奇跡を感じられなかったのは一緒だと思うし、「神様は答えてくださらない」っていうことを、ずいぶん言う人ですよねえ。『沈黙《ちんもく》』とかにも書いてあるけどもね。

まあ、私もキリスト教作家ではあるし、そらあ、奇跡を麗々《れいれい》しく書きたい気持ちはある

遠藤周作（1923～1996）
小説のほか、随筆、文芸評論、戯曲も手がける。キリシタン弾圧を題材にした『沈黙』は代表作の一つ。

けども、現実に、私は、「書斎《しょさい》だけの人」でなくて、現地をたくさん踏査《とうさ》、つまり、見て歩いて調査し、「現地の人の風土《ふうど》」とか、アラブ人の嘘《うそ》つき体質、つまり、「どれだけ平気で嘘をつくか」とかを、いろいろ見てきてね。この癖《くせ》を見れば、ある程度、「このくらいのことは言うな」っていう推定がつくわけですよ。

だから、きっと、今の日本人の感覚で、それを捉《とら》えたらいけない部分があると思う。おそらく、それは、「食糧《しょくりょう》とかを隠れて準備してた人が出したんだろう」と思うし、『聖書』のなかでもさあ、矛盾《むじゅん》してるでしょ？

例えば、悪魔《あくま》が、イエスを荒野《あらの》で四十日、試《こころ》みるときがあるじゃないですか。そのときに、「おまえが本当に神の子だったら、この石をパンに変えてみよ」と言ったりしたよね。まあ、でも、例えば、イエスは、「(『旧約聖書』には)汝《なんじ》、神を試《ため》すなかれとも書いてある」とか、そういうことも言ってるじゃないですか。

そういうことを言っておいて、別のところでは、「パンを何千人にも食べさせた」とか、あるいは、「魚を裂いたら、幾らでも増えていった」とか書いてあるけど、矛盾してるじゃないですか。それができてるんだったらね。

そういうことがあるし、「瓶《かめ》いっぱいの水が、ものすごくおいしいワインに変わる」っていうんでしょ? それだったら、ワイン製造業者になりゃあいいんです。

「イエスが起こした奇跡《きせき》」を本当に信じているのか

斎藤　あなた様は守護霊なのですが、霊《れい》を信じているのか、信じていないのか、どちらなのですか。

イエスの行ったさまざまな奇跡
病を癒すのみならず(左上)、ラザロに対しては、死して葬られたのちに蘇らせている(右上)。
最初の奇跡では、カナの婚宴で、瓶のなかの水を、ぶどう酒に変えた(左下)。

曽野綾子守護霊　いや、信じてないわけじゃないけど、小説家の目から見てね、「奇《き》跡《せき》についての書き方に稚拙なところがあるのではないか」と言ってるだけですよ。

金澤　それは、「書き方に稚拙なところがある」というだけで、「奇跡が現実として起きたのかどうか」については、どうなのでしょうか。信じていらっしゃるのですか。

曽野綾子守護霊　あ、信じてないな。

金澤　信じていない？

曽野綾子守護霊　あんまり信じてない。

私は、小説家だから、「嘘つき」をよく知ってるわけよ。嘘で、幾らでも書けることはね。
まあ、フィクションの世界を認められてるのが小説家だし、詐欺罪《さぎざい》にならないのは小説家でしょ？　嘘を書いたら、普通《ふつう》は詐欺罪ですけどね。

斎藤　でも、ご主人の三浦朱門《みうらしゅもん》さんが、先ほど話に出てきた、『沈黙』を書いた遠藤周作さんと親友で、昔、一緒に、熱海《あたみ》のほうの旅館へ行ったら、幽霊《ゆうれい》が出てきたという話もありますけれども……。

曽野綾子守護霊　まあ、幽霊話は好きですから……。

斎藤　しかし、二人で、「同じように見た」と……。

曽野綾子守護霊　まあ、幽霊ぐらいはいいですよ。

斎藤　幽霊はいい？

曽野綾子守護霊　それは、よくあって、「幽霊がある」とか、「霊がある」とか、そのくらい構《かま》いませんよ。それは構わないんだけど、「キリストの復活」を、「幽霊が出てきた」ぐらいにされたら、それはちょっと、世界宗教としては悲しすぎるでしょ？

斎藤　なるほど。

奇跡《きせき》を起こす幸福の科学に対する「複雑な心境」と「本音」

斎藤　幸福の科学では、「今、仏陀《ぶっだ》の魂《たましい》の本体が再誕《さいたん》している」と言っていますが……。

曽野綾子守護霊　いや、〝ここ〟はねえ、ちょっと……。まあ、私は〝生きて帰れない〟かもしらんから。あまり言うと、これは危ないぞ。

斎藤　いやいや、「幸福の科学について、どう見ているのか」ということを、一言《ひとこと》でも……。

せっかく、ここに来られたのですから、ご指導を賜《たまわ》りたいと思っています。

曽野綾子守護霊　うーん、まあ、「言いたい」けど、遠藤周作さんなんかだったら、首を〝くくり〟たくなる。まあ、死んでるから、くくってもしょうがないけども……。

斎藤　（笑）本音のところは、どうですか。

曽野綾子守護霊　「神は沈黙して答えたまわない」っていうわけでしょ？　神を信じて、次々に殉教《じゅんきょう》していく人たちに対して、答えたまわないし、重病で、まあ、キリスト教者で病気をする人は、わりに多いんですよね。

何て言うの？　クリスチャンって、罪の意識があるからね。病気をしても、「これは、自分の罪によって起きた病気だ」と思うわけですよ。

イエスは病気を治す奇跡《きせき》を起こしたにもかかわらず、信仰を持ってるクリスチャンの病気は治らないのよ。

だから、おたくでは、「祈《いの》ったり、祈願《きがん》したりしたら、病気が治る」とかいうのを聞いたらさあ……。

ただ、結論は、「本当であるか、まったくの嘘っぱちか」、どっちかしかないわけで、まあ、私は、実際、イエスがやったようなことが、ほんとに現実にやれるかどうか調査をしてないから知りませんけども、キリスト教会では、現実には起きない。

「ルルドの奇跡」なんていうのが、何万件もあったと言われてるけども、実際に、奇跡と認定されてるのは百件にも満たない。「科学的に、本物だ」と思われてるのは、ほんとにちょっとしかない。もう、誤差にしかすぎないぐらいしか認められてないのでね。

実際に、キリスト教では病気が治らない。キリスト教系でも、新宗教では、「治る」と称《しょう》してるところもあるけども、伝統的で大きな、カトリックとか、プロテスタントとかでは、病気は治りませんよ。

それもあるし、イエスのような奇跡が起こせる人も出てこない。まあ、サイババ

ルルドの奇跡
南フランスのルルドの町に、聖母マリアが出現。そこから湧いた泉の水は、病気治癒の奇跡を起こし続けている。

なんていう、インチキなインドの宗教家は、パンじゃなくて、もっといいものを出したらしいけどね。食べ物を出したり、金貨を出したり、いっぱいできたらしいけども、キリスト教では、まったく起きない。これは、現実に起きない。法王とかいっても、ろくに起こせやしない。

これは、イエスが嘘をついたのか、イエスの伝記を書いた人が嘘をついたのか、法則として、今の現代の科学が言うとおり、そんなものは起きないのが当たり前なのか。

まあ、そのへんのところが、やっぱり、分からないですよ。

綾織　それは、現代のキリスト教会の現状をおっしゃっているだけだと思うのです。

曽野綾子守護霊　イエス様は沈黙して、神は答えたまわない。沈黙を貫《つらぬ》かれる。自分を信じている人たちが迫害《はくがい》されたり、苦しんだりしてても答えたまわない。

●サイババ（1926〜2011）　インドのスピリチュアル・リーダー。物質化現象の奇跡を起こしたとされ、内外に多くの信者がいた。

要するに、答えは返ってこないし、病気も治らないのが普通なのに、「キリスト教会でない、幸福の科学で、イエスが答えたもう」なんていうのは、これは……。あんたねえ、はっきり言うと、ほんとは、ここを「もっと叩《たた》いてやりたい気持ち」がないわけじゃあないいんだけれども……。

綾織　ああ、そうですか（苦笑）。

曽野綾子守護霊　三浦朱門だけで〝守り切れない〟面もあるかと思って、遠慮《えんりょ》してるんだけどね。

綾織　まあ、そういうことですね。

曽野綾子守護霊　ええ。

9　イエスの最期《さいご》を「この目で見た」

イエスが起こした奇跡《きせき》に「現地調査」で迫《せま》ろうとする曽野綾子氏

金澤　つまり、今、おっしゃったことを、そのまま素直《すなお》に考えると、「二千年たって、伝統的なキリスト教の使命が終わった」という考え方もできるのではないかと思うのですけれども……。

曽野綾子守護霊　それは、あんたがたの立場から見りゃあ、そういう言い方だろうけども、本当だったら、私だって、人生出直して、幸福の科学で、ほんとに奇跡《きせき》が起きるのかどうか、見てみたい気持ちはある。

斎藤　幸福の科学で学んで、奇跡を見てみたい？

曽野綾子守護霊　うん。見てみたい気持ちもあるけど、年を取りすぎたからね。

斎藤　八十二歳《さい》なら、まだ大丈夫《だいじょうぶ》です。当会には、「百歳まで生きる会」がありますから。あと二十年あります。

曽野綾子守護霊　まあ、ほんとは、『聖書《せいしょ》』に書いてある、イエスがやった奇跡の、どこまでが本当で、どこからが嘘《うそ》なのかを、やっぱり、知りたいですよね。

斎藤　「本当はどうだったか」が知りたいのですか。

曽野綾子守護霊　知りたいけど、ほぼ、諦《あきら》めてるっていうか、現地を踏査《とうさ》するかぎりは、なんぼ見ても、やっぱり、嘘だとしか思えないんですよ。

斎藤　それについて、調査で迫《せま》っているのですか。

曽野綾子守護霊　うん。あと、イエスは、「神殿《しんでん》を破壊《はかい》しても、三日で建て直す」とか、大言壮語《たいげんそうご》に似たことも言ってるじゃないですか。

それを、比喩《ひゆ》的に捉《とら》えて、「これは、イエスが、三日後に復活することを譬《たと》えたのだ」とか言ってる人もいるけれども、周りが怒《おこ》るのも、分からんこともない面はあるからさあ。

曽野綾子守護霊が語る「大川隆法観」

綾織　まあ、キリスト教は置いておいて、現代に、幸福の科学という宗教が生まれており、まあ、曽野さんは、実際に、大川総裁の書籍《しょせき》も読まれていると思うのですけれども……。

曽野綾子守護霊　まあ、そらあ、見てますよ。

綾織　幸福の科学では、実際に奇跡も起きています。それを、遠目《とおめ》からご覧になって、この幸福の科学の可能性を、どういうふうに見られていますか。

曽野綾子守護霊　私は、（過去に著作等で）「偽《にせ》宗教の見分け方」とかも書いていますからね。

綾織　まあ、そうですねえ。

曽野綾子守護霊　そのなかに、幸福の科学がピッタリ入るように条件をつけてありますけど。

斎藤　しかし、「大川隆法総裁の本は読んでいる」という話ではないですか。

曽野綾子守護霊　読んでますけど、どっかで尻尾《しっぽ》を出さないかどうか、一生懸命《いっしょうけんめい》、探してるんですよ。

斎藤　ご自身の「大川隆法観」としては、どうなんですか。

曽野綾子守護霊　うーん。手強《てごわ》いことは手強い。

斎藤　手強い？

曽野綾子守護霊　うん。手強い。

斎藤　「手強い」という感想なんですか。

曽野綾子守護霊　かなり手強い。普通《ふつう》の新宗教の騙《だま》しのテクニックの数々をいろいろ見て、調べてはきてるけども、まあ、それらは単純ですよね。愉快犯《ゆかいはん》というか、幼稚犯が多いけども、（幸福の科学は）手強い。そうとう手強い。

だから、もし、小説家的フィクションで、この全体の世界観をつくってるとしたら、かなりの手練《てだれ》ですよね。

なぜ頑《かたく》なに「奇跡《きせき》」を信じようとしないのか

綾織　でも、逆の可能性があるわけですよね？

曽野綾子守護霊　ああ？

綾織　「偽宗教ではない」という部分については、どうなのですか。

曽野綾子守護霊　いや、そういう可能性もあるよ。だけど、「イエスの時代に生きてないから幸福だ」っていうこともあるわけで、生きてないから信じられるけど、同じ時代に生きてる人は信じられない。

実際、イエスの十二弟子《でし》は、全員、はっきりと〝裏切った〟わけですから。〝信じられなかった〟わけだから……。

斎藤　すごくシニカルな話が続いていますけれども……（笑）。

曽野綾子守護霊　同時代に生きてて、信じられなかったわけですからね。奇跡《きせき》が起きているのを、実際に、全部、この目で見てて、ですよ。

イエスが起こした奇跡を、全部見てたのに、いざというときにイエスを捨てて逃《に》げるっていうのは、ありえないじゃないですか。そう思いません？

斎藤　地上の曽野さんご本人も、「信仰《しんこう》的にキリスト教を見るのではなくて、文化人類学的な関心が、ほぼ、私の心を占《し》めていた」と言っていましたけれども……。

曽野綾子守護霊　まあ、どうしても、そうなるわねえ。どうしても、そうなる。

斎藤　どうしても、文化人類学的なアプローチになるのですね。

曽野綾子守護霊　というか、やっぱり、戦後の流れには、ちょっと実証的なところがあるからねえ。どうしても、証拠《しょうこ》主義がある。つまり、「実際、それができたかどうか」っていうようなことですね。

例えば、科学者に、「瓶《かめ》に入った真水《まみず》を、ワインに変える方法があるか」、もしくは、「その奇跡が信じられるか」ということですよ。外国では、いちおうクリスチャンになってる人が多いでしょうけれども、そういう、クリスチャンの科学者に、「あなたの専門の立場から見て、化学式がたくさんあるわけですし、ワインと水とは違《ちが》うと思いますけど、あなたは、この水を、何らかの念力《ねんりき》みたいなもので、ワインに変えられると思いますか。そうであれば、どういう方程式で変わるのかを、説明できますか」って言ったときに、答えられるかどうか。ねえ?

綾織　その部分について、非常にこだわっていらっしゃいますね。

曽野綾子守護霊　うん、うん。

「イエスの時代」には、女性として生まれていた？

綾織　もしかして、その時代にいらっしゃいました？

曽野綾子守護霊　うん。

斎藤　「イエス様の時代にいた」ということですか。

曽野綾子守護霊　これだけ書く以上、それはいたよ。

綾織　当時、あなたは、イエス様の弟子の一人として、いらっしゃった？

曽野綾子守護霊　うーん。まあ、そのへんは、ちょっと、秘密に迫ることだから、

〝出演料〟なしでは、ちょっと答えるのは……。

斎藤　では、当時は、男性、女性、どちらですか。

曽野綾子守護霊　いや、それは……。うっとうしいわねえ。

斎藤　え？

曽野綾子守護霊　うっとうしいことを訊《き》くねえ。

斎藤　当時、女性、男性、どちらでしたか。

曽野綾子守護霊　ええ？　どうしようかなあ。まあ、女性にしといて。

斎藤　女性ですか。

曽野綾子守護霊　女性にしといてください。

斎藤　女性ですと、どういった立場にいた女性なのですか。

曽野綾子守護霊　女性だったら、きっと、代金を払《はら》わないキリスト教徒にふんだくられたくちでしょうね。

斎藤　え？

曽野綾子守護霊　彼らは、よく代金を払わないで物を持っていくから……。

斎藤　代金を払わない？

曽野綾子守護霊　金が、ほとんどないからねえ。

金澤　では、あなたは、クリスチャンではなかった？

曽野綾子守護霊　いやあ、クリスチャンっていう制度があったわけじゃないので……。

金澤　要するに、イエス様のお弟子さんではなかった……？

曽野綾子守護霊　いや、そんなことはないですよ。イエスが話してるときに集まったりするなかには、参加していたことはあるから、それを、クリスチャンというなら、クリスチャンかもしれないけど。だいたいねえ、イエスの直弟子《じきでし》なる者は、人のものをタダで持っていく癖《くせ》があって、代金を払わんのよ。

斎藤　商売をされていたのですか。

曽野綾子守護霊　商売っていうかさあ。それは、原始的なもんですよ。麦だとか、ミルクだとかさあ、そういう食べ物だとか、まあ、そんなようなもんですけど、それを、どんどん持っていくからねえ。貢《みつ》がせていましたよねえ。

当時、ユダヤの人々が求めていたのは「モーセ的キリスト像」

綾織　では、途中《とちゅう》の段階で離《はな》れたのですか。

曽野綾子守護霊　いや、離れも、くっつきもしてませんよ。まあ、見てただけですから。

だから、今、距離《きょり》を取って、大川隆法さんが本をいっぱい出しまくってるのを、遠いところから見ているのと同じような状況《じょうきょう》で……。

綾織　なるほど。

曽野綾子守護霊　「嘘か本当か分からない」っていうような感じかなあ。

つまり、遠くから見たら、あんたがたは、こうやってインタビューして、「公開霊言《れいげん》」とか言ってるけど、私が見ているわけじゃないからね。示し合わせて、台本をつくって、前の日にリハーサルをやっといて、「こうやって話をすれば、曽野綾子らしく見える」とか、そういうことをやってるかもしれないし、やってないかもしれないし、分からないよね？

綾織　この収録は、今朝決まったので、まったくそういうことはありません。

曽野綾子守護霊　でも、普通《ふつう》の人には分からないよね。

綾織　では、そういう目で、イエス様と、その周りに集まっている人たちを、遠目から見ていらっしゃった一人？

曽野綾子守護霊　イエスっていう人については、まあ、ある意味で、一時期、人がワアッと集まって、熱狂的《ねっきょう》になった人もいたことはいたけど、だいぶ勘違《かんちが》いする人が多くて……。

当時、ユダヤの人々が求めてたキリスト像っていうのは、「ローマからの解放をしてくれる人」っていうイメージが強かったのでね。

だから、モーセみたいな感じで、何とか、ローマから解放してくれて、独立させてくれるような人を求めていたような感じがするのに、イエスは、あまりにも、何て言うかなあ、まあ、「法学部的、政治学部的な立場」でなくて、「文学部的立場」だったということかなあ。

山上の垂訓　イエスは、山上にて弟子たちと群集に教えを説いた（「マタイによる福音書」より）。

イエスは、その文学的理念でもって表現し、戦おうとしてたけども、実際に欲《ほ》しかったのは、その政治的、軍事的な部分、法律的な部分等で、独立を勝ち取る部分が要《い》ったのよね。

ついてきてる人には、そこを勘違いしてる人がいたので、現実に、失望した人はいっぱいいいたわけよ。

例えば、あなたがたの幸福実現党で言えば、「天下を取ると信じて、ついていったけど、まったく取れなかった。文学的比喩だったのですか。がっかりしました」って言って、離れるような人もいたというわけよ。

肝心《かんじん》なところで何も奇跡《きせき》が起きなかったことに失望した

金澤　あなた自身は、イエス様が、最後、十字架《じゅうじか》に架かってしまったのを見て、やはり、失望されたのですか。

曽野綾子守護霊　それは当然でしょう?

斎藤　イエス様が十字架に架かったのを見て、失望したのですか。

曽野綾子守護霊　それは当然、失望しましたよ。当然ですよ!　当たり前じゃないですか。

斎藤　それで、信仰というか、「心」を離したのですか。

曽野綾子守護霊　まあ、もともと、そんなにくっついてるわけじゃないから、離すもくっつくもないけど、「あれ?　なんだ、これまでの人かなあ」っていう……。
エルサレム入城《にゅうじょう》して、簡単に捕《つか》まって、そして、当然、何か奇跡《きせき》が臨《のぞ》まなきゃいけないですよね。ところが、肝心《かんじん》なところで、何にも奇跡が起きなかった。

これは、遠藤周作《えんどうしゅうさく》さんの『沈黙《ちんもく》』と同じで、「神様は、無慈悲《むじひ》すぎる」っていうか、「ちょっとは格好つけさせてやってもいいじゃないか」と……。

綾織　実際には、「復活」があって、そこから目覚めた人もいるわけですけれども……。

曽野綾子守護霊　まあ、そういうことになってるけども……。

綾織　あなたは、そこでは目覚められなかったのですね?

曽野綾子守護霊　うーん、「復活」も、やっぱり、私のような小説家の目から見れば、幾《いく》らでも書ける。あのくらいだったら、簡単に、一日で書けちゃうので……。

綾織　そうすると、「その人生では信仰に目覚めなかった」と理解していい……。

曽野綾子守護霊　いや、目覚めたんだけど、パーセンテージの問題でしょう？　つまり、百パーセントではなかったけど……。

綾織　ああ、なるほど。でも、最後は、「違ったのだな」ということで、人生が終わった状態ですよね。

曽野綾子守護霊　だから、『聖書《せいしょ》』に書いてあるとおり、イエスには、何千人かを集めて、その話を聞かせるぐらいまでの勢力はありましたよ。でも、最後は、十二弟子も裏切って逃げた。

それで、誰《だれ》かが中興の祖みたいに出てきて、まあ、パウロだけどね。もう一回、広げ直した。

つまり、イエスが処刑《しょけい》されたときに、十二弟子が散って、いったん、教団は壊滅《かいめつ》している。それを見るかぎり、実際、「復活の信仰」等は、誰かの手によって創作されて広げられた可能性が、極《きわ》めて高い。直接、イエスを知らない人が書いた可能性が極めて高い……。

イエスの磔刑《たっけい》　イエスは、十字架刑に処されて死に至るも、3日後に復活。十字架は、キリスト教の神聖なるシンボルとなった。

10 「救世主と同時代に生まれたくない」

キリスト教で「信じられる」と思うものとは

綾織　その後の転生《てんしょう》についてもお伺《うかが》いしたいのですけれども……。

曽野綾子守護霊　うーん。

綾織　おそらく、「本当に信仰《しんこう》をつかめるかどうか」ということが、あなたの人生のテーマになっていると思うのですけれども、そのあとの転生、まあ、キリスト教ではないと思いますが……。

曽野綾子守護霊　私は、その罰《ばち》が当たったから、（今世《こんぜ》で）目が見えなくなったんだろうと思うんだよ。
イエスの奇跡《きせき》のなかには、「シロアムの池のそばで、泥《どろ》に唾《つばき》を混ぜてこねて、目の見えない人の目の周りに塗《ぬ》ったら、生まれつき、ずっと目が見えなかったのに、急に見えるようになった」って、
確か、出てくるよねえ？
確か、そういう話が出てくるけど、そうであったら、私の目だって治ってもいいはずなのに、治したのは医者であって、イエスじゃない。そのへんがあるから、やっぱり、「ほんとかねえ」っていう感じに……。

イエスが、生まれつきの盲人の目を癒す奇跡を行ったシロアムの池。イエスは、泥に唾を混ぜてこね、その泥を盲人の目に塗り、シロアムの池に行って洗うように言った。盲人は言われたとおりに池で目を洗うと、目が見えるようになったという。

綾織　なるほど。

斎藤　でも、二千年後の今も、あなたは、クリスチャンではないですか。

曽野綾子守護霊　いや、クリスチャンでも、信じてない人は、いっぱいいるから。それは、西洋もそうだけど。

泥を塗っただけで見えない目が見えるようにできるか。パンを何千にも増やせるか。まあ、あれは、「イースト菌《きん》を発明した」っていうことなら分かるけど。

それから、魚を裂《さ》いたら、何千人もが腹《はら》いっぱいになったと、本当に言えるのか。それは、「説教を聴《き》いて満腹《まんぷく》した」というふうに、比喩《ひゆ》的に、文学的に捉《とら》えるべきなのか。

このへんについては、やっぱり、みんな議論があるわけです。

綾織　その部分が、あなたの転生を通じたテーマだと思うのですけれども、二千年前と今との間で、もし、何か、ご紹介《しょうかい》いただけるような人生がありましたら、お教え願いたいのですが……。

曽野綾子守護霊　まあ、それは、修道女《しゅうどうじょ》みたいなものも、あることはあるし、多少、身分ある女性っていうか、そういう親のもとに生まれたりした経験とかもあります。西洋系が多いですけどね。西洋系が多いようには……。

斎藤　あなたが書かれた人生論などにも、モラリストというか、そういう感じの、非常に道徳的なことや警句《けいく》、悟《さと》りの言葉のようなものがいろいろありますが、それは、過去世《かこぜ》において思想家や哲学《てつがく》者などをやっていたからなのですか。

曽野綾子守護霊　うーん、それほどの者ではないので。

まあ、遠藤《えんどう》さんと一緒《いっしょ》で、キリスト教を非常に〝薄《うす》めてしまった罪〟はあるんだろうとは思うけど、現実に合わせようとしている面はあるのかねえ。

だから、キリスト教で学んだものはあるけど、ほとんどは象徴《しょうちょう》的なものとか、伝《でん》承《しょう》的なものっていうか……。

まあ、昔の物語、例えば、日本神道《しんとう》で言えば、『古事記《こじき》』『日本書紀《にほんしょき》』に書いてあることを、まともに「全部、現実」と思ったら、さすがに頭が〝狂《くる》う〟でしょう？　気が狂うようなことが、いっぱい書いてありますからね。

やっぱり、昔の人なりの、大げさな神話のつくり方があるんでしょうから、そのへんを割り引いて、「現実は、何なのか」を考えると、信じられるのは、人生論的なところの言葉で、それは信じられるわねえ。

もし、曽野綾子氏が、このまま「あの世」に還《かえ》ったら？

金澤　信仰の話になったのでお伺いしますが、現代人にとって、信仰を持つ意義を、どうお考えになりますか。

曽野綾子守護霊　うーん、それが、人間として、多少とも自らを高めるものになるなら、信仰は持ったほうがいいんじゃないでしょうかねえ。そう思いますけど。
ただ、科学者とか、医学者とか、ああいうような職業を持ってる人を、何て言うの、弱める方向に働くなら、ちょっと距離《きょり》を取るのも大事なのかなとも思いますけどねえ。

綾織　もし、救世主が同じ時代に生まれているのであれば……。

曽野綾子守護霊　できたら、一緒の時代に生まれたくないですよ。

金澤　なぜですか。

曽野綾子守護霊　いやあ、懺悔《ざんげ》させられるから嫌《いや》。

金澤　何についての懺悔？

曽野綾子守護霊　もし、そういう者が存在するなら、懺悔させられることになるはずだから、嫌です。できたら、違《ちが》う時代に生まれたい。遠くから見ていたい。

金澤　要するに、あなたは、罪の意識をお持ちなのですか。懺悔の内容は？

曽野綾子守護霊　「信仰が薄い」ということを懺悔させられるはずです。つまり、そういう、この世的な人間であることを反省させられるんでしょう?

だから、私、それは嫌。

斎藤　そういえば、最近出された、ご自身の自伝のタイトルは、『この世に恋して』というタイトルでしたねえ。

曽野綾子守護霊　そうなの。「fall《フォール》 in《イン》 love《ラブ》」ですねえ。

斎藤　なぜ、タイトルが、「この世に恋して」なのかと思って、非常に不思議だったのですけれども、「この世」のほうに恋する方《かた》だからなんですね。

曽野綾子守護霊　「この世に恋する」っていうのは、「堕《お》ちる」っていうことなんでしょうから、〝堕天使《だてんし》ルシファー〟ですねぇ。

斎藤　え!?

曽野綾子守護霊　「それに近い」ということでしょうねえ。

斎藤　いやいや、非常に素晴《すば》らしい才知《さいち》を持たれている方なので、そんなことはないと思いますけれども……。

曽野綾子守護霊　まあ、この年になって、「この世に恋して」ってのは、もう老いらくのボケでしょうねえ。ボケ老人ということで、恍惚《こうこつ》の人です。

斎藤　あの世に恋して、ぜひ、エル・カンターレを信じていただければと思います。

曽野綾子守護霊　いやあ、（大川総裁は）うちの息子《むすこ》と年が変わらないからねえ。そんな簡単に信仰するわけにはいかないのよ。

斎藤　（苦笑）いや、「この世」の、地上の肉体年齢《ねんれい》で見るのではなくて！

曽野綾子守護霊　そうなのよ。だからねえ、私も駄目《だめ》なのよ。もう、「この世の人間」なのよ。偉《えら》くないのよ。

だから、本人があの世へ還《かえ》ったら、きっと、しばらく〝お仕置《しお》き〟を受けるんじゃないかねえ。「もうちょっとぐらいは信仰があってもよかったんじゃないか」と言われそうな気が……。

綾織　まだまだ、この世の人生があると思いますので、ぜひ、そこをつかんでいただければと思います。

曽野綾子守護霊　同時代人として、イエスと同じクラスとか、イエス以上の人が生まれるっていうようなことは、まあ、特に、日本人で生まれるっていうような場合、そう簡単に信じたくはないね。

フィクションがつくれる人間としては、九十九パーセント、「本人および周りの人たちが創作しているのではないか」という疑いを持つわねえ。

綾織　二千年前と同じテーマですので、ぜひ、この人生で、何かしらをつかんでくださればと思います。

曽野綾子守護霊　いやあ、さすがに、今は、「霊言《れいげん》」だとか、「守護霊霊言」だとか、怪《あや》しいものが大量に出すぎるので。

まあ、これについては、いろいろな人が、今、一生懸命《いっしょうけんめい》、調査してるとは思うけどねえ。マスコミが、一生懸命、いろいろ調べているはずなので、出てくるものが出てくるとは思うけど、今のところ、確実な「悪魔《あくま》の尻尾《しっぽ》」みたいなものは、つかめないでいるんですよねえ。

綾織　ええ、逆のものが出てくると思います。

曽野綾子守護霊　だけど、創作ができる時代ではあるからね。

斎藤　いいえ、「公開霊言」として、すべての証拠《しょうこ》は揃《そろ》っております。総裁の著作は、千五百冊も出ていますし、二百五十冊以上の公開霊言の書籍《しょせき》が出ていますので……。

曽野綾子守護霊　だけどさあ、やっぱり、疑問としてはあるわけよ。「金儲《かねもう》けがうますぎるんじゃないか」と、みんな思ってるから。それは作家と言わず、マスコミと言わず、政治家と言わず、ほかの宗教と言わずね。（幸福の科学は）金儲けがうますぎるじゃない。これだけの〝錬金術《れんきんじゅつ》〟があるということは、その裏に何か仕組みがあるし……。

綾織　〝錬金術〟ではなくて、現代のマネジメントですね。

曽野綾子守護霊　知能が高いのは認めるよ。ただ、「知能が高くて、何か、人をうまく乗っける、目に見えないシステムをつくり上げているんでないか」っていう疑問は残るわねえ。

綾織　すべて公開していますので、そういう隠《かく》れたものはありません。

曽野綾子守護霊　いや、でも、仲間だったら、どうするのよ。サーカスと一緒で、なんかグルみたいに……。

11 幸福の科学に対して「悔《くや》しい」

最後の最後に飛び出た「本音」とは

斎藤　ああ！　だんだん時間がなくなってきました！　最後に、何か一言《ひとこと》、ありませんか。

曽野綾子守護霊　あまり言うと、私の信仰心《しんこうしん》の薄《うす》さに絶望する人が出てくるといけないので……。

斎藤　最後の最後の、最後の最後に、何か一言ないですか。

曽野綾子守護霊　だからねえ、なんで、ローマ法王に奇跡《きせき》が起きないのよぉ！　ほんと悔《くや》しいわよ。

斎藤　ローマ法王に奇跡が起きないのが、悔しい？

曽野綾子守護霊　うん。ちょっと霊言《れいげん》ぐらいしなさい！　ローマ法王！　ほんとに。

綾織　そうですね（苦笑）。

サン・ピエトロ大聖堂
バチカン市国にあるカトリック教会の総本山。ローマ教皇の住むバチカン宮殿、バチカン美術館などが隣接してある。

曽野綾子守護霊　そうしないと、対抗《たいこう》できないじゃないの！　何もできない。祈《いの》ってるったって、神様は聞いてるのやら、どうやら分からない。イエスも聞いてるかどうか分からない。平和を祈ったりねえ、それから、被災地《ひさいち》に対して祈ったり、病人の回復を祈ったりするけど、被災地が助かるわけでもなく、病気が治るわけでもなく、何にも起きない。

さらに、彼らも、金集めに回ってるけど、金を集める能力じゃ、幸福の科学のほうに、全然、敵《かな》わないじゃない。大川隆法に、全然、敵わないじゃないの。奇跡を起こせて、金集めができる。こんなの、宗教家としては理想的じゃないですか。

金澤　今、「金儲《かねもう》け、金儲け」とおっしゃっていたのですが、金儲けではなくて、世界中の人々を救うためにお金が必要なので、それで集めているだけです。

自分たちが贅沢《ぜいたく》するとか、そういう意味で集めているわけではないので、その点は、誤解のないようにお願いしたいと思います。

曽野綾子守護霊　まあ、そうは言ってもね、私はベストセラーとかが出たって、家族で食っていくのと、あと、ちょっと海外渡航《とこう》の費用が出せるぐらいのもんですよ。海外旅行も、普通《ふつう》の人にできないぐらいの回数はできてますけどね。

まあ、そういう、ちょっとしたことに使える金が増えますけども、こんな大勢が、一生、食べていけるような組織なんかつくれませんよ。

綾織　私たちは、まさに、その〝海外渡航〟をするためにやっているのです。伝道のためですから。

曽野綾子守護霊　うーん。でも、やっぱり、うさんくささは、どうしても残るよねえ。ほんとかなあ？

（質問者に）あんたがた、ほんとに信じてるの？

斎藤　ええ。

金澤　信じています。

曽野綾子守護霊　ほんとなの!?

斎藤　信じてますよ。

曽野綾子守護霊　大丈夫《だいじょうぶ》なのね？

綾織　それは、大丈夫です。

斎藤　もう、ずーっと見てきていますけれども、「奇跡の連続」です。

曽野綾子守護霊　「マスコミに勤めてるよりは給料が上がったから」とか、そういう理由じゃないの？（注。綾織は、かつて産経新聞に勤めていた）

綾織　全然、違《ちが》います（苦笑）。

曽野綾子守護霊　違うの？

綾織　まったく、嘘《うそ》はありません。

曽野綾子守護霊　そうかねえ。

幸福の科学を「簡単に認めたくない」理由とは

曽野綾子守護霊　これが、ほんとだったら、ローマ法王が弟子《でし》にされちゃいますよ。

綾織　まあ、そういうことですね。

曽野綾子守護霊　でしょう?

綾織　はい。

曽野綾子守護霊　だって、（幸福の科学には）イエスが来て、ペラペラしゃべってるんでしょう?

綾織　はい。

曽野綾子守護霊　もう、間違いなく弟子にされちゃうじゃない。さらに、「海外で、英語で説法《せっぽう》するときは、イエスが指導霊《しどうれい》をしたりもする」とか言ってるらしいから、向こう（ローマ法王）のほうが弟子にされちゃうじゃないの。それは大変なことですよ。

綾織　はい。その意味で、あなたは、非常によく理解されていると思います。

曽野綾子守護霊　うん。だから、慎重《しんちょう》に理解しなきゃいけないよね。慎重に認めないと……。

綾織　はい、はい。分かりました。

曽野綾子守護霊　簡単に認めちゃいけない。

守護霊が、こんなことを言ったらおかしいし、「信仰心がないようなことを、守護霊が言う」っていうのは、まことに不信心《ふしんじん》で、反省を求められることであるけども……。

斎藤　いや、守護霊様のお話を通じ、曽野さんの「ものの見方」が、たいへん勉強になりましたし、このように、「本当は信じたい」という方が、たくさんいらっしゃるのだということが、よく分かりました。

ぜひ、学びを深めてくだされればと思います。

曽野綾子守護霊　いや、日本のクリスチャンで、私以上に信仰心を持ってる人は、そんなにいないですから。ほとんどみんな、この程度の信仰心っていうか、現実主義者です。

ただ、心の気休めのために祈ったり、「イエス様がいたらいいなあ」とか、「昔には奇跡も起きたんだろうかねえ」ぐらいの、ぼんやりした感じでいるのは事実です。(奇跡は)現実には起きない。それをやるところは新興宗教だけです。だから、現実には信じてない。

斎藤　確かに、曽野さんの著作では、宗教的な「幸福の価値判断」に対して、特に、「善悪の判定」がありません。ご自身でもおっしゃられていますが、「この世のことは善でも悪でもない」とか、「いちばんつまらない考え方は、ものごとを善悪で決めること」とかいうような判断基準や論調で、ずっと書いておられます。

それを読んで、あなたの言葉が、宗教的に見て、深く心に入っていかない理由がよく分かりました。

曽野綾子守護霊　すみませんねえ。とにかく、「邪教《じゃきょう》の判断基準」として、私は、「イエスの生まれ変わりだ、仏陀《ぶっだ》の生まれ変わりだと言うような教祖《きょうそ》が出るところは邪教だ」とか、「金集めするところとか、政治に進出するところとか、そういうところは、だいたい邪教だ」とか書いてあるので。

全部、おたく様が当てはまるような分類をしてあるので、もし、これが間違ってるんでしたら、本人があの世へ還《かえ》ったときには、〝いじめられる〟ことになるとは思うんですけどね。

綾織　地上の人生は、まだまだありますので、ぜひ、最後に、そのあたりをつかんでいただければと思います。

曽野綾子守護霊　いやあ、この年になってねえ、息子《むすこ》と同じような年齢《ねんれい》の人に帰依《きえ》はできませんよ。

それに、「イエスより偉《えら》い」っていうのは、なかなか、まあ、クリスチャンとしては、そう簡単に認めるわけには……。

綾織　ある意味で、信仰について、ものすごくよく分かっていらっしゃると思います。

曽野綾子守護霊　（大川隆法の本を）読んでますよ。勉強してますよ。「だからこそ、慎重でなければいけない」っていうか、世界中が騙《だま》される前に、もし、間違いがあるなら、ちゃんと、それは明らかにしなきゃいけないと思います。

綾織　それを突《つ》き詰《つ》めていかれてもいいですが、そうでない可能性というのも、きちんとつかんでいただければと思います。

斎藤　ぜひ、愛読を続け、学び続けていただければと思います。

綾織　ある意味では、「本音が出た」と思います。ありがとうございます。

曽野綾子守護霊　クリスチャンを代表して、聖心《せいしん》も代表して、やっぱり、悔《くや》しい。

綾織　はい。

曽野綾子守護霊　うん。悔しい。こういう、宗教活動、および、出版活動を、ここまで広げられるっていうことに対して、やっぱり、悔しい。

われわれは、そういう、二番煎《せん》じ、三番煎じの過去のものを掘《ほ》り起こして薄めて、他のものに応用する程度しかできないのに、オリジナルと称《しょう》して、〝原液〟が流れ出して、広がってるみたいに見えるっていうことに対して、われわれは悔しい。とても悔しい。

綾織　最後も本音を頂きました。ありがとうございました。

曽野綾子守護霊　はい。はい。

12 曽野綾子氏守護霊の霊言《れいげん》を終えて

大川隆法　（手を二回叩《たた》く）うーん。

（笑）（質問者に）どう見ますか。

まあ、「守護霊とは何か」が分かっていない人よりは、ましかもしれないとは思いますが……。

クリスチャンでも、イエスや、イエスの奇跡《きせき》に対する理解については、さまざまで、奇跡のところについては信じていない人のほうが多いのが、現実かもしれませんね。

綾織　「本心では、とても求めている」と感じました。

大川隆法　うーん。曽野さんの家へ行って、電気釜《がま》を使わずに米を炊《た》いてみせたりしなければ、認めないのかもしれないですけれどもね。

また、そういうものに遭遇《そうぐう》するのを怖《こわ》がっている面もあるのかもしれません。一般《いっぱん》的に、伝統宗教は新宗教を敵視していることも多いので、同じように、キリスト教系の新宗教も疑っているのだと思います。

本来的には、もっと批判をしたいけれども、当会の〝物量作戦〟がすごすぎて、まともにぶつかるには難しく感じるようですね。出版物が大量に出てくるので、「これを、全部、論破するには戦う武器が足りない」と感じるのでしょうか。

そのへんの気持ちが、「ローマ法王に力がないことが悔《くや》しい」という言葉に表れているように思いました。

ただ、われわれも、撃《う》ち落とされるかもしれないし、もっと強力なライバルが出てくるかもしれないし、歴史のなかで消えていくかもしれないし、あるいは、残るかもしれません。まだ、未知数ではあるのです。

当会は、初期の登場から三十年近くたっておりますが、今のところ、私について、「詐欺《さぎ》やペテンを働いている」などと暴《あば》けないでいることを、残念に思っている方は、たくさんいるのでしょう。週刊誌などに対して、「なんで、もっと追及《ついきゅう》できないのよ！」と思い、地団駄《じだんだ》を踏《ふ》んでいるのではないかと思います。

もし、それが「嫉妬《しっと》の原理」として、宗教を信ずる者同士のなかで起きているのならば、そのへんが、乗り越《こ》えなければいけないところではないでしょうか。

私にとっても、八十二歳《さい》のおばあちゃんと言ったらいけないけれども、私の母より年上の方が、いまだに、人生論のようなものを書いて、それが、ベストセラーになり、何十万部、百万部と売れているというのは、信じがたいことですよ！

「これは、何かのペテンではないか」と思うようなことですし、あの年代の人が、そんなものを書いて、それほど多くの人が読んで、ベストセラーになるということに対して、こちらにも、「まさか！　これは、本当ですか。出版社が数字を操作しているだけではないですか。彼女の本を読んでも、何にも残らないのですけれども、なぜ、それが、そんなに売れるのですか」と訊《き》いてみたい気持ちが、多少、ないわけではありません。

また、当会の本も、数は出していますが、そんな、欺罔《ぎもう》的手段で売っているわけではなく、球を一つ一つ丁寧《ていねい》にバットに当てるようにしながらやっているつもりではいるので、そのへんは、多少、ご理解いただければありがたいと思います。

例えば、「プロ野球で、よく飛ぶボールに変えたために、ホームランが量産できるようになった」というようなことと同じではない面があるのです。

さらに、ローマ法王が霊能力《れいのうりょく》を持っていないことについては、私の責任ではありませんし、それについては、競争する気も、批判する気もありません。ただ、「ローマ法王は、イエスではない」というだけのことでしょう。そういうことなので、全然、競争する気はないのです。

まあ、多少なりとも理解してくれる面があればありがたいし、「曽野さんが黙《だま》っているだけでも、理解を示してくださっているということなのだろう」と考えたいと思います。

一同　ありがとうございました。

大川隆法　はい。

あとがき

ずい分と主張のしっかりされた方で、女性としてというよりも、人間としてご立派な生涯を貫かれた方だと思う。

信仰の面では、イエス・キリストを少し悲しませているようではあるが、二千年の歳月が理解を妨げているところもあるだろう。

私自身のことについては、あの世に還ってから、直接イエス様にお訊《き》き下さればよい。

今後ともますますご活躍され、生涯現役の模範となられることを、心の底よりお祈り申し上げる。

二〇一四年　五月十三日

幸福《こうふく》の科学《かがく》グループ創始者兼総裁《そうししゃけんそうさい》　大川隆法《おおかわりゅうほう》

『スピリチュアル・メッセージ 曽野綾子という生き方』 大川隆法著作関連書籍

『なぜ私は戦い続けられるのか
――櫻井よしこの守護霊インタビュー――』（幸福の科学出版刊）
『「煩悩の闇」か、それとも「長寿社会の理想」か 瀬戸内寂聴を霊査する』（同右）
『守護霊インタビュー 朴槿惠韓国大統領 なぜ、私は「反日」なのか』（同右）
『「河野談話」「村山談話」を斬る！』（同右）
『安倍昭恵首相夫人の守護霊トーク「家庭内野党」のホンネ、語ります。』（同右）
『山崎豊子 死後第一声』（同右）
『クローズアップ国谷裕子キャスター』（同右）

スピリチュアル・メッセージ
曽野綾子《そのあやこ》という生《い》き方《かた》

2014年5月23日　初版第1刷

著　者　大《おお》川《かわ》隆《りゅう》法《ほう》

発行所　幸福の科学出版株式会社
〒107-0052 東京都港区赤坂2丁目10番14号
TEL(03)5573-7700
http://www.irhpress.co.jp/
印刷・製本　株式会社 堀内印刷所

落丁・乱丁本はおとりかえいたします

ISBN978-4-86395-470-0 C0095
写真：毎日新聞社／アフロ／読売新聞/アフロ／ Fujifotos/ アフロ／
MeijiShowa.com/ アフロ／ MeijiShowa.com/ アフロ／時事

大川隆法霊言シリーズ・**最新刊**

「失楽園」のその後

痴の虚人　渡辺淳一直伝

『失楽園』『愛の流刑地』など、男女の性愛を描いた小説家・渡辺淳一は、あの世でどんな世界に還ったのか。死後11日目の衝撃のインタビュー。

1,400円

「煩悩の闇」か、それとも「長寿社会の理想」か 瀬戸内寂聴を霊査する

九十代でなお「愛欲小説」を描き続け、「脱原発運動」にも熱心な瀬戸内寂聴氏——。その恋愛観、人生観、国家観を守護霊が明かす。

1,400円

「宇宙人によるアブダクション」と「金縛り現象」は本当に同じか

超常現象を否定するＮＨＫへの〝ご進講〟

「アブダクション」や「金縛り」は現実にある！「タイムスリップ・リーディング」によって明らかになった、7人の超常体験の衝撃の真相とは。

1,500円

※表示価格は本体価格（税別）です。

大川隆法ベストセラーズ・忍耐の時代を切り拓く

忍耐の法

「常識」を逆転させるために

人生のあらゆる苦難を乗り越え、夢や志を実現させる方法が、この一冊に──。混迷の現代を生きるすべての人に贈る待望の「法シリーズ」第20作!

2,000円

「正しき心の探究」の大切さ

靖国参拝批判、中・韓・米の歴史認識……。「真実の歴史観」と「神の正義」とは何かを示し、日本に立ちはだかる問題を解決する、2014年新春提言。

1,500円

忍耐の時代の経営戦略

企業の命運を握る3つの成長戦略

豪華装丁
函入り

2014年以降のマクロ経済の動向を的確に予測! これから厳しい時代に突入する日本において、企業と個人がとるべき「サバイバル戦略」を示す。

10,000円

幸福の科学出版

大川隆法 ベストセラーズ・「幸福の科学大学」が目指すもの

新しき大学の理念

「幸福の科学大学」がめざす
ニュー・フロンティア

2015 年、開学予定の「幸福の科学大学」。日本の大学教育に新風を吹き込む「新時代の教育理念」とは？ 創立者・大川隆法が、そのビジョンを語る。

1,400 円

「経営成功学」とは何か

百戦百勝の新しい経営学

経営者を育てない日本の経営学 !? アメリカをダメにした MBA――!? 幸福の科学大学の「経営成功学」に託された経営哲学のニュー・フロンティアとは。

1,500 円

「人間幸福学」とは何か

人類の幸福を探究する新学問

「人間の幸福」という観点から、あらゆる学問を再検証し、再構築する――。数千年の未来に向けて開かれていく学問の源流がここにある。

1,500 円

「未来産業学」とは何か

未来文明の源流を創造する

新しい産業への挑戦――「ありえない」を、「ありうる」に変える！ 未来文明の源流となる分野を研究し、人類の進化とユートピア建設を目指す。

1,500 円

※表示価格は本体価格（税別）です。

大川隆法 霊言シリーズ・現代作家の霊言

小説家・景山民夫が見たアナザーワールド

唯物論は絶対に捨てなさい

やっぱり、あの世はありました! 直木賞作家が語る「霊界見聞録」。本人が、衝撃の死の真相を明かし、あの世の様子や暮らしぶりを面白リポート。

1,400円

山崎豊子 死後第一声

社会悪の追究、運命に翻弄される人間、その先に待ち受けるものとは――。社会派小説の第一人者が、作品に込めた真意と、死後に赴く世界を語る。

1,400円

司馬遼太郎なら、この国の未来をどう見るか

現代日本に求められる人材とは。〝維新の志士〟は今、どう戦うべきか。国民的作家・司馬遼太郎が日本人へ檄を飛ばす!

1,300円

幸福の科学出版

幸福の科学グループのご案内

宗教、教育、政治、出版などの活動を通じて、地球的ユートピアの実現を目指しています。

宗教法人　幸福の科学

一九八六年に立宗。一九九一年に宗教法人格を取得。信仰の対象は、地球系霊団の最高大霊、主エル・カンターレ。世界百カ国以上の国々に信者を持ち、全人類救済という尊い使命のもと、信者は、「愛」と「悟り」と「ユートピア建設」の教えの実践、伝道に励んでいます。

（二〇一四年五月現在）

愛

幸福の科学の「愛」とは、与える愛です。これは、仏教の慈悲《じひ》や布施《ふせ》の精神と同じことです。信者は、仏法真理をお伝えすることを通して、多くの方に幸福な人生を送っていただくための活動に励んでいます。

悟り

「悟り」とは、自らが仏の子であることを知るということです。教学《きょうがく》や精神統一によって心を磨き、智慧《ちえ》を得て悩みを解決すると共に、天使・菩薩《ぼさつ》の境地を目指し、より多くの人を救える力を身につけていきます。

ユートピア建設

私たち人間は、地上に理想世界を建設するという尊い使命を持って生まれてきています。社会の悪を押しとどめ、善を推し進めるために、信者はさまざまな活動に積極的に参加しています。

国内外の世界で貧困や災害、心の病で苦しんでいる人々に対しては、現地メンバーや支援団体と連携して、物心両面にわたり、あらゆる手段で手を差し伸べています。

年間約３万人の自殺者を減らすため、全国各地で街頭キャンペーンを展開しています。

公式サイト **www.withyou-hs.net**

ヘレン・ケラーを理想として活動する、ハンディキャップを持つ方とボランティアの会です。視聴覚障害者、肢体不自由な方々に仏法真理を学んでいただくための、さまざまなサポートをしています。

公式サイト **www.helen-hs.net**

INFORMATION

お近くの精舎・支部・拠点など、お問い合わせは、こちらまで！

幸福の科学サービスセンター

TEL. 03-5793-1727（受付時間 火〜金：10〜20時／土・日：10〜18時）

宗教法人 幸福の科学 公式サイト happy-science.jp

教育

学校法人 幸福の科学学園

学校法人 幸福の科学学園は、幸福の科学の教育理念のもとにつくられた教育機関です。人間にとって最も大切な宗教教育の導入を通じて精神性を高めながら、ユートピア建設に貢献する人材輩出を目指しています。

幸福の科学学園

中学校・高等学校（那須本校）
2010年4月開校・栃木県那須郡（男女共学・全寮制）
TEL **0287-75-7777**
公式サイト **happy-science.ac.jp**

関西中学校・高等学校（関西校）
2013年4月開校・滋賀県大津市（男女共学・寮及び通学）
TEL **077-573-7774**
公式サイト **kansai.happy-science.ac.jp**

幸福の科学大学（仮称・設置認可申請中）
2015年開学予定
TEL **03-6277-7248**（幸福の科学 大学準備室）
公式サイト **university.happy-science.jp**

仏法真理塾「サクセスNo.1」 TEL **03-5750-0747**（東京本校）

小・中・高校生が、信仰教育を基礎にしながら、「勉強も『心の修行』」と考えて学んでいます。

不登校児支援スクール「ネバー・マインド」 TEL **03-5750-1741**

心の面からのアプローチを重視して、不登校の子供たちを支援しています。
また、障害児支援の「**ユー・アー・エンゼル!**」運動も行っています。

エンゼルプランV TEL **03-5750-0757**

幼少時からの心の教育を大切にして、信仰をベースにした幼児教育を行っています。

シニア・プラン21 TEL **03-6384-0778**

希望に満ちた生涯現役人生のために、年齢を問わず、多くの方が学んでいます。

NPO 活動支援

学校からのいじめ追放を目指し、さまざまな社会提言をしています。また、各地でのシンポジウムや学校への啓発ポスター掲示等に取り組むNPO「いじめから子供を守ろう！ネットワーク」を支援しています。

公式サイト **mamoro.org**
相談窓口 **TEL.03-5719-2170**
ブログ **mamoro.blog86.fc2.com**

政治

幸福実現党

内憂外患《ないゆうがいかん》の国難に立ち向かうべく、二〇〇九年五月に幸福実現党を立党しました。創立者である大川隆法党総裁の精神的指導のもと、宗教だけでは解決できない問題に取り組み、幸福を具体化するための力になっています。

党員の機関紙
「幸福実現NEWS」

TEL 03-6441-0754
公式サイト hr-party.jp

出版メディア事業

幸福の科学出版

大川隆法総裁の仏法真理の書を中心に、ビジネス、自己啓発、小説など、さまざまなジャンルの書籍・雑誌を出版しています。他にも、映画事業、文学・学術発展のための振興事業、テレビ・ラジオ番組の提供など、幸福の科学文化を広げる事業を行っています。

アー・ユー・ハッピー？
are-you-happy.com

ザ・リバティ
the-liberty.com

幸福の科学出版
TEL 03-5573-7700
公式サイト irhpress.co.jp

THE FACT

ザ・ファクト
マスコミが報道しない
「事実」を世界に伝える
ネット・オピニオン番組

Youtubeにて
随時好評配信中！

ザ・ファクト　検索